学級崩壊

悪夢の前兆チェック＆必勝予防策68

山本東矢 編著

学芸みらい社

　20代の先生なら、
「あの子さえいなければ、学級はうまくいくはずなのに…」
と朝から晩まで、ある特定の子どもの教室での振る舞いが頭から離れない。
「だから、あの子のいうことを渋々聞き入れたのに…」
　しかし、いうことを聞くようになるどころか、むしろ逆に、教室では、「あの子」
がどんどん増えている。
「あの子とあの子とあの子」と、複数の子どもが気になりだしたら、やがて、朝か
ら教室が騒乱状態になる。
　いわゆる学級崩壊のはじまりだ。

　ここまで行かなくとも、バーチャル無法地帯すれすれの体験をされた方は結構お
られるのではないか。

　―ああ、なんで、こうなってしまうのだ。
　最善を尽くし、やれることは全部やったのに。
　―ああ、そういえば、大学では「こういう問題に関しては全く学んでいない」
　こういうつらい目にあうのは、自分の勉強不足と能力のなさだけの問題ではな
　いのかも知れない。
　きっと、同じような目にあっている教師も少なくないはずだ。
　しかし、それにしても…
　―ああ、自分にはまだ、集団としての子どもを束ねる指導力。
　いわゆる統率力という考えがなかったのが大きな原因だったのだ。
　だから子どもが「烏合の衆」となって、勝手なことをして騒ぎたてるのは必然
　だったのだ…

ということに気づけるのは、通常、困った果ての先達の体験談や書籍からの学びで
ある。

2

「しかし、困っているのは担任教師より当然のことながら、むしろ、子どもたちだ！」

この大事なことに気づいて欲しい。

この指導については、本書、第1章3の「荒れの兆しが見えたとき―やっていいこと、ダメなこと―」を読んで欲しい。

あれこれの「あるある体験」からはたくさんの学びがあるに違いない。

30代、40代の先生なら、経験知の少ない20代の先生から、上記のような悩みを相談されることも、増えてくるのではないか。

そんな時、こういうアドバイスが役に立つという体験談は、本書の、第4章「荒れに速攻有効アイテム＆小技」そして、第5章「フォローする立場からみる～荒れに対する支援でやるべきこと、やってはいけないこと～」を見てもらえればと思う。

この本は、荒れに対応する珠玉の手立てと立て直しシステムについて書いている。また、フォローする立場の方に向けても書いている。

かなりマニアックにつっこんで書いた。失敗談も書いた。

この本を書いたメンバーはみな、崩壊しているところを立て直したり、荒れに真摯に取り組んだりしてきたメンバーである。

わざわざ崩壊している学校を志願して、立て直したメンバーもいる。

もちろん、いいことばかりではない。時には、荒れさせてしまったメンバーもいる。しかし、それでも、その悔しい思いを胸に全力で修業し教育に取り組んできた。

ぜひとも手に取って頂ければと思う。決して無駄にはならない。

最後に、困った時は、ぜひともサークルに来ていただきたい。

我々は、全力で子どもたちをよくしようと思う先生の味方である。

山本東矢

まさか私の学級が？　教師100万人が知りたい！
学級崩壊ー悪夢の前兆チェック＆必勝予防策68

目 次

まえがき　-- 2
荒れの改善フローチャート　--------------------------------- 8

第1章	荒れの原因と学年特有の荒れパターンを探り、対策を立てる

1 荒れの原因をチェックしよう。これであなたは荒れとは無縁

　1 あなたは大丈夫?!「教師の行動」をチェックしよう　……10

　2「授業中の荒れの元」をチェックし、波及を防ごう　……13

　3 慢心せず「学級の状態」を診断し、対策を立てよう　……15

　4 プラスを意識したチェック表の使い方をしよう　……17

　5 掃除、給食は学級のカナメ！　よく見よう　……19

　6 休み時間を制する者は学級を制する　……21

2 荒れにはパターンがある。特徴を踏まえて対応しよう

　1 低学年の荒れパターンと対策　……23

　2 使いやすい学習用具で、荒れを防ぐ　……25

　3 教師の人間性が問われる、心しよう　……27

　4 抱え込み指導せず、中間層に目をむけよ　……29

　5 みんな過去の自分と同じと思って指導するな　……31

　6 高学年女子には間接的対応を心がけよう　……33

3 荒れの兆しが見えた時 ～やっていいこと、ダメなこと～

　1「悪ふざけや冗談、いじる」と「いじめ」の区別を示そう　……36

　2「共通理解、応援を呼ぶ、複数」が大前提　……38

　3 家庭の問題にせず対応することが信頼に繋がる　……40

　4 初期対応をできるだけ早く行い、荒れの芽を摘もう　……42

　5 男子は「直接対応」、女子は「予告対応」で荒れを予防　……45

第2章	初任、5年目前後にくる荒れパターンと防御策

1 1年目の荒れパターンと立て直し方法

1 1年目の荒れパターンと対策 ……48
2 子どもとの約束は「鉄の約束」と心する ……50
3 「授業の原則」を知るだけで、授業が良くなる ……52
4 空白を作ることをやめれば、全てが解決する ……54
5 トラブルのさばき方の基本を身につけよう ……56
6 叱れないからの脱却を図ろう ……59
7 朝、給食、掃除、終わりの流れは、真剣に計画せよ ……61
8 クラスの席替えは、様々な用途に応じて行おう ……65
9 1年目の荒れの救いは、生徒とつながりやすいこと ……67

2 5年目前後にくる荒れパターンと立て直し方法

1 その学校の地域性を把握しておくこと ……70
2 まずは現状を受け入れ、周りを褒めていく ……72
3 よくできると思ったのは、周りの配慮のおかげだった ……74
4 まずは現状を踏まえた学級経営案を作ろう ……75

第3章	荒れを防ぐ授業、対応、システム、心構えをしろう

1 荒れているときに必要な授業のポイント

1 言葉を削る、一時に一事で荒れを防ぐ ……77
2 「できる、簡単、短時間」のパーツを多めにしよう ……79
3 わかりやすい宿題を出し、量は少なめにする ……81

④ ICT を使った授業は、荒れていても通用する ……83

⑤ 落ち着かせるには、静の活動を増やすのがいい ……85

⑥ 100 点を取らせる授業を行えば、荒れない ……87

② 荒れている時でも通用！ 各教科の授業ネタ

① 算数「円を線で分ける（向山実践）」 ……89

② 国語「⊠漢字パズルの授業」 ……91

③ 社会「挿絵の読み取りでヤンチャを統率する」 ……93

④ 道徳「ソーシャルスキル対応『三者間トラブル』」 ……95

③ 荒れている時に必要な対応＆システム

① 対決構造を避けつつ、いじめを止める ……97

② 真面目な子が得するからクラスがよくなる ……99

③ 場面を見極めて、闘うときには闘おう ……101

④ つるむ暇をなくさせる「分断」を上手に使おう ……103

⑤ 「テーマ作文」でクラスの良さを広げよう ……105

④ 荒れているときに必要な心構え

① 遊びを制することで、学級を制する ……107

② 結果褒め、努力褒め、プラス存在褒めが大事 ……109

③ 恥ずかしいからこそ、抱え込まず、すぐに相談しよう ……111

④ 人と比べず、自分の機嫌をとろう ……113

第4章 **荒れに速攻有効アイテム＆小技**

① 荒れを防ぐアイテム

① 雨の日グッズを真剣に考えると、トラブルが減る ……115

② 百人一首はしっかりと聞く力もつけられる ……117

③ じわりじわりと効く学級文庫 ……119

④ 『算数難問』で、子どもも保護者も大満足する 121

2 荒れを防ぐ小技＆システム
　① 良質なシステムで「ズル」と「忘れ」を防止する 123
　② ボール対策を考えることでトラブル激減 125
　③ 子どもたちと相談して決めたルールは守られる 127
　④ 抜かさせない工夫、待たせない工夫を行おう 129
　⑤ 教科の配置で子どもの状態をよくしよう 131

第5章 フォローする立場からみる ～荒れに対する支援でやるべきこと、やってはいけないこと～

　① 絶対に担任を超えない 133
　② 学校としての判断を伝え、方向性を出す 135
　③ 真剣に学習したい子、弱い立場の子を守り抜く 137
　④ 自分の常識で対応してはいけない 139
　⑤ レベル別対応チャートで荒れの共通認識をしよう 141
　⑥ 原則や法則を知ることが荒れを防ぐ 143
　⑦ 病休にならないように担任の負担を減らす 145

コラム

　① 意図して気を引き締めよう。全て教師が鍵を握る 147
　② ダブルスタンダードは納得しない 149
　③ 大崩壊しても、4つを意識して強く生きよう 151

あとがき --- 153

荒れの改善フローチャート

荒れ始めていてもその状態に気づかないことがある。また、自覚できたとしても、どのレベルなのか、どんな手立てが取れるのか分からないことが多い。客観的に自分を見つめ、判断することが大切だ。

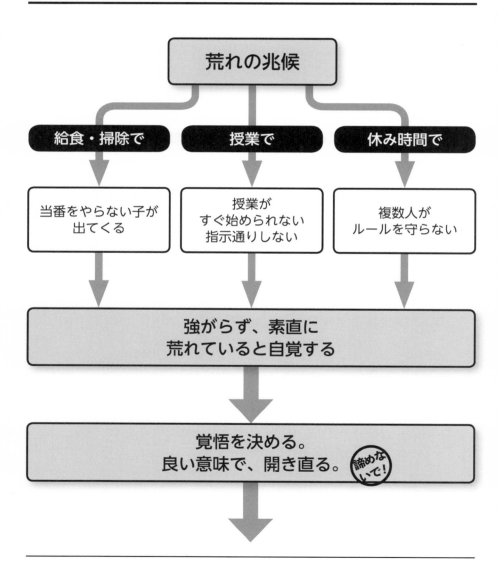

心	行動	発想・体制
「所詮子どもがやっていることだ」と気にしない・反応しない	子どもと遊ぶ 関わる	ベテランに相談する
子どものせいにしない	自分自身が 良いモラル行動を し続ける	本を読む・ 勉強会に参加する
自分を責めすぎない。自分で「私はよくやっている」と褒める	「言葉を削る」 「一時に一事」の徹底	学級システムを見直す
美味しいものなど、自分にご褒美を設ける	譲れない部分は 毅然とする	「静」の活動を増やす
良い行動をしている子どもを見つける	小テストで 100点を取らせる	真面目な子どもが 得をするシステムを 構築する

クラスでの良い行動を認める・増やしていく

最終的には、その全ての経験が
教師となる将来の自分のために

1 あなたは大丈夫？！ 「教師の行動」をチェックしよう

「教師の行動、考え方を変える」が荒れを立て直すには欠かせない。
今までの自分を否定することになるかもしれない。大変である。
しかし、本当に荒れを防ごうと思うのならば、やっていただきたい。

1．教師の行動チェック表で大事なことを意識しよう

ドキッとすることもある。難しいこともある。
しかし、どれもはずせない大事なことである。

□ 笑顔で授業を行っている。
□ 椅子などに座らず、立って授業を行っている。
□ 授業を時間内に終わっている。（チャイムがなったら終わる）
□ 休み時間をきっちり子どもに保障している。
□ 子どもとの約束を守っている。（遊ぶ約束など）
□ 1日に1回以上は、子どもと遊んでいる。
□ 授業中、指示は「〜します」「〜しましょう」と明確に言い切っている。
□ 授業中、指示通り動いた子どもをすかさず褒めている。
□ 1日に1回以上子どもの名前を呼んで褒めている。
□ 授業中、説明を短く端的に行っている。（30秒以内）
□ 休み時間、教室や校庭などで子どもと一緒に過ごしている。

11項目すべてにチェックがつく　　→荒れを完全に予防している。
1〜2項目にチェックがつかない　　→充分荒れを予防している。
3〜4項目にチェックがつかない　　→荒れを予防できていないかも。
5項目以上にチェックがつかない　　→荒れを引き寄せている！

2．約束を守ろう、些細なことでも

「お友だちには優しくしなさい」「時間は守りなさい」「宿題を忘れずに出しなさ

い」。教師は子どもにたくさんのことを求める。

子どもにはたくさん求めるのに、教師は自分の都合で子どもとの約束を守らないことが多々ある。

やむを得ない事情があってもだ。緊急の電話にでるなどであってもだ。

もし、どうしてもやむを得なくて約束を守れないならば、必ず、代替え案をだすことにしよう。

大人はしょうがないと思うかもしれない。しかし、子どもはそうは思ってくれない。荒れている状態ならばなおさらだ。

3．とにかく子どもと遊ぼう、そこから変わる

休み時間に子どもと遊ぶ。これは荒れを予防する上でとても大切だ。

初任者時代、ビックリするぐらい私は失敗をした。

しかし、それでも荒れがまだましだったのは、「若さ」と「遊び」という武器があったからだ。

子どもは家に帰ってから、その日の授業のことはまず話さない。

でも、教師が遊んでくれたことはよく話す。

遊んでくれる教師を子どもは大好きになる。
そして、保護者も教師のことを好きになってくれる。

遊ばなくても、休み時間を教室や運動場などで子どもと過ごすことも大切だ。

休み時間を職員室で過ごす。これはいけない。

職員室にいると子どもの様子を見ることができない。

教師がいなくなると、子どもはトラブルを起こす。

教師がその場にいるだけで、トラブルの抑止になる。遊ぼう。子どもと共に過ごそう。

4．授業中の明確な指示を考えるのは極めて重要である

荒れを防ぐために、授業をよくすることは生命線である。

一日何百回と出す指示は、明確に出そう。

　向山洋一氏がよく言われることだが、

教科書14ページを開けて、□３番を全部ノートにしたあと、□４番もして終わった人はノートを提出して本を読んでおきましょう。

というような指示は厳禁だ。

　一気に３つも４つも指示を出されると、子どもは混乱する。そして、できない。これを繰り返されと、子どもは

教師に言われたことを指示通りしなくてもよい

ことを誤学習する。初任者時代、私はよくこの失敗をした。

　指示を明確に出す。これは極めて大切である。

　そして、指示を通しきるためには、子どもを褒めることが大事である。

指示を出す→子どもが動く→褒める

このサイクルがうまく回ると、子どもは指示を聞くようになる。

　最もいけないのが、

指示通り動いていない子を叱るだ。

　これが続くとどうなるか。教師に反発するようになるのだ。

５．説明は短く端的に

　説明が長いのはよくない。子どもは聞いていられない。

　教師はよかれと思い、たくさん説明するが、聞いている子どもは分からない。結果、教師の話を聞かなくなる。

　説明は、短くしよう。一文を短くして話そう。例えば以下だ。

悪い例「明日は、習字道具を持ってきますけど、それは、吉本先生の習字があるからです。忘れないようにしてくださいね。忘れると、あなたたちが困ることになるし、そうなると、友だちにかりないといけないので、たいへんです。絶対に忘れないようにしましょう」

　　　↓

よい例「明日は習字があります。習字道具をもってきてね。連絡帳に赤で書きましょう。（書く時間を待つ）書いた人、手をあげて。はい。えらいね」

2 「授業中の荒れの元」をチェックし、波及を防ごう

授業のほんのちょっとした対応ミスから荒れは始まる。
原因をつきとめ、波及させないことが大事だ。
「こんなことも？」ということに気がつくことが大事だ。

1．続くと荒れる出来事チェック表（授業中）

☐ 勉強が得意な子どもだけで授業が進んでいく。
☐ 勉強が苦手な子ども数人がぼーっとしている。
☐ 勉強が苦手な子どもにつきっきりになることがある。
☐ 文章や問題の音読をしっかりとさせない。
☐ ノートチェックなどで行列ができている。
☐ よくおしゃべりをする子どもがいて、その子どものおしゃべりに数人が
のっかる。
☐ トイレに行く子どもが数人いる。
☐ 保健室に行く子どもが数人いる。
☐ 子どもたち同士の手紙が回される。
☐ ケンカが起きることがある。
☐ 休み時間が終わった後、教室に戻ってくるまでに2分以上かかる子どもが
3名以上いる。

11項目すべてにチェックがつかない 　→荒れとは無縁の学級。
1～2項目にチェックがつく 　　　　　→充分安定した学級。
3～4項目にチェックがつく 　　　　　→荒れの兆しがある。
5項目以上にチェックがつく 　　　　　→すでに荒れた学級。

２．授業から生まれるいじめの種をつみとろう

```
□  勉強が得意な子どもだけで授業が進んでいく。
□  勉強が苦手な子どもが数人ぼーっとしている。
□  勉強が苦手な子どもにつきっきりになることがある。
```

　この３項目にチェックがつく場合、「勉強ができる子ども」と「勉強ができない子ども」という二層構造を、子どもに暗に知らせることになる。

　これが「いじめの構造」を生んでしまうから、改善しよう。

　教師が勉強の苦手な子どもにつきっきりになるのもダメだ。

　ついている子どもに「できない」というレッテルをはってしまうことになり、周りの子がその子に対してつらくあたることになる。

　授業を改善しよう。

　勉強ができない子どもができるようになる。

　勉強ができない子どもが授業で活躍する。

　勉強ができない子どもに、さりげなく教師が支援する。

　これができれば、荒れの予防だけでなく、いじめの予防も同時にできる。授業の改善には時間はかかる。しかし、意識して改善しよう。

３．周りに広げない工夫をしよう

　「授業中に友だちに話しかける」「授業に遅れて戻ってくる」などを１人の子どもがすることがある。これは好ましい状態ではない。

　しかし、周りがそれに追随していないのなら、荒れる可能性は低い。

　１人ぐらいなら許す度量も、時には必要である。

　しかし、２名以上出てくると、学級は一気に荒れる。気をつけよう。

　周りに広げない工夫をすることが大事なのだ。

　まずは、できている子を褒め、頑張っている子を褒めよう。

　たくさん褒めよう。そうすることで、子どもはついてくる。

　授業中に荒れることも減っていく。

3 慢心せず「学級の状態」を診断し、対策を立てよう

大丈夫と思っているときが危ない。慢心せず、状況を把握しよう。
足りないところを確認し、よくしていこう。統率を意識しよう。

1．荒れを確認するための学級の状態チェック表

- ☐ ９割以上の子どもが教師の指示通り動くことができる。
- ☐ 授業中「○○をします」などと教師が言ったとき、２人以上の子から「え〜」などというマイナス発言が出ない。
- ☐ 授業中、面白い話などで授業を脱線しても、程よいタイミングで子どもが授業に戻ることができる。
- ☐ 授業中に１回以上、子どもたちが「シーン」となって作業をしている時間がある。
- ☐ 図書の時間など、「シーン」となって読書ができる。
- ☐ お楽しみ会をしたとき、ケンカがおきない。
- ☐ みんなで遊びをしたとき、ケンカがおきない。
- ☐ 全校集会などで、先生の話を静かに聞くことができる。
- ☐ 休み時間にケンカが起きない。
- ☐ 専科授業が普通に成り立っている。
- ☐ 授業開始のチャイムがなって、すぐに授業をはじめられる。
- ☐ 友だちが発表しているときに、静かにきくことができる。

12項目すべてにチェックがつく　　→荒れとは無縁の学級。
１〜２項目にチェックがつかない　→充分安定した学級。
３〜４項目にチェックがつかない　→注意が必要。
５項目以上にチェックがつかない　→要注意。

たくさん、チェックがつかないとショックかと思う。

しかし、ここからである。少しずつ、できるようにしていこう。

まずは、できていること、当たり前であることを褒めていこう。「みんなはケンカせずに、みんなで遊びができてすばらしいね」とか「今まではケンカが必ず起こっていたけど、減ってきたね」などである。

２．教師の統率を意識しよう

教師が「学級の大多数を統率する」ことを意識する。

これが荒れさせない上で大切なポイントだ。

まずは、毅然とする。そして、できていることを褒める。たくさん遊ぶ。そのようなことをして、信頼を得て、統率をしていく。

統率ができ、大多数の子どもが教師の指示通りに動いているならば、指示通りに動くことができない子どもやマイナス発言を口走ってしまう子どもが少しいても、良い意味で目立たなくなる。

そうなれば、荒れる可能性は低い。

３．専科授業で荒れる

専科授業になると荒れるというパターンはよくある。

これは、担任の統率が専科授業には及ばないためであるが、ほうっておいてはいけない。

専科で荒れの兆しがあれば、

担任も潔く専科授業に入るべきである。

担任がその場にいるだけで「専科荒れ」は予防できる。

あとで問題が起こって対処するほうが、よほど時間がかかるし、子どもも傷つく。

子どもがよくなるまでは、堂々と専科の授業に担任も入ろう。

4　プラスを意識した　チェック表の使い方をしよう

チェック表は大事だ。しかし、それを使って取り締まるわけではない。
よい行動を増やす目をもつことである。心一つでチェック表の使い方が変わる。
間違っても叱責や注意のために使いたくはない。

1．授業崩壊の前兆行動チェック表

- ☐　授業開始のチャイムが鳴っても、すぐに席に戻ろうとしない。
- ☐　授業開始のチャイムが鳴っても、私語が続いている。
- ☐　赤鉛筆で書くように指示しても、黒の鉛筆で書く。
- ☐　定規で線を引くように指示しても、使わない。
- ☐　（写すべき内容の）板書をノートに写さない。
- ☐　教科書を持って音読するように指示しても、持たない。
- ☐　立って音読するように指示しても、立たない。
- ☐　消しゴムのかすをごみ箱に捨てないで、平気で床に落とす。
- ☐　ごみ箱にごみを投げ入れようとする。
- ☐　テストのときに、隣の人に見られないように筆箱を立てる。
- ☐　上靴のかかとを踏む。
- ☐　消しゴムに鉛筆を突き刺したり、定規で切り刻んだりする。
- ☐　学校で禁止されている文房具を使う。（例：シャーペンなど）
- ☐　教科書やノートに落書きをする。
- ☐　班活動で協力しない。（例：体育や理科の片付けなど）
- ☐　子ども同士で、個人的な手紙をまわす。（悪い内容の手紙でなくても）
- ☐　放課後の遊ぶ約束を授業中にする。
- ☐　折り畳み式の定規で、音をわざと鳴らす。
- ☐　咳やくしゃみを、わざとおおげさにする。
- ☐　友だちが間違った発表をしたときに、笑う。
- ☐　教師が板書の漢字や計算を間違えたら、揚げ足をとる。

□ 教師の指示に、わざと大声で「え〜！」と言う。

□ 子どもの質問に対応しないと、「無視された」と言う。

□ 注意すると「はい」でなく「は〜〜い」と反省せずに言う。

□ 休み時間にケンカをしたら、授業中、ずっとすねて課題をしない。
　　でも、授業が終わったら、何事もなかったかのように遊ぶ。

□ 「う○こ」などの下品な言葉を使って、笑いをとる。

□ 誰かがせきやくしゃみをすると、「コロナや」など、まわりが笑えないことを言う。

　これらが出たときは、冷静に対応する。怒らずに、「そういうのはないほうがいいね」と対応するのも有効である。

２．荒れの前兆行動に敏感になりすぎるのも、危険だ

　荒れを実際に経験すると、前兆行動に敏感になりすぎてしまい、つい注意が増えてしまう。そして、ちゃんとやっている子どもへの褒め言葉が少なくなってしまう。

　褒めるときも、前兆行動を起こす子どもへの嫌味になってしまったことがある。

　結果、授業規律に厳しくなりすぎて、子どもがのびやかに過ごせる学級をつくることができなくなる。

前兆行動にとらわれすぎてはいけない。

たくさん褒めて、授業に力にいれて、「わかるできる」を保証することが最も大事なことである。

　これは、特に心したい。そして、どうしてもチェック表のことができていないときに対応する場合でも、以下のポイントを意識してほしい。

①徐々に直す

②一気に直そうとしない

③怒らずに穏やかに確認をして、励ます。

　である。

5 掃除、給食は学級のカナメ！よく見よう

給食と掃除の時間は慌ただしく、教師の目も届きにくい。
まず、荒れの前兆行動を知ろう。そのことが、わがままな言動や弱肉強食な関係を防ぐことにつながる。

１．給食時間の荒れの前兆行動チェック表

☐ 給食ナフキンを持っているのに、机に敷かない。

☐ （面倒くさいという理由で）机を移動させないで、１人だけ前を向いて食べる。

☐ 給食当番が給食室に食缶を取りに行っている間に、遊んだり、大声を出したり、ケンカが起きたりする。

☐ 配膳をさぼる。（おしゃべり・本を読む・トイレからなかなか戻って来ない）

☐ 小おかずが１つしかないとき、ペアの友だち１人に持たせる。

☐ 食べ終わった空っぽの大おかずの食缶は軽い。
だから、給食室に返しに行くときは持たない。ペアの友だち１人に持たせる。

☐ 牛乳パックや牛乳瓶を給食室に返しに行ったとき、パックや瓶を入れるケースに入れない。ペアの友だちに押し付けて、すぐに遊びに行く。

☐ 食缶を２人で運ぶときに、歩調を合わせずに自分勝手に先に歩いて行く。ペアの友だちがとても迷惑している。

☐ 給食の帽子やマスクを、教師が着けるように注意しないと着けようとしない。

☐ 食べている友だちと、蹴り合いっこをする。

☐ 食事中に、「う○こ」と言う。

☐ おかわりのジャンケンで負けたら、「うざ」と言ったり、にらんだりする。

☐ 食べ物で遊ぶ。（パンを丸める、細かく千切る、叩く）

☐ 自分の班でなく、離れた別の班の友だちといつもしゃべる。

☐ スプーンを曲げる。

□　自分が食べられない物を、仲のよい友だちに勝手にあげる。

□　おかわりしたい物を、「ちょうだい」と言って勝手にもらう。

□　パンなどの食べ残しが、トイレや教室のごみ箱に捨てられている。
　　窓からも捨てられている。

□　自分が食べ終わったら、まだ食べている友だちがたくさんいるのに、
　　勝手に立ち歩いて自分の席に戻らない。

□　食べ終わって歯磨きをしに行ったら、5分以上、戻ってこない。

２．掃除時間の荒れの前兆行動チェック表

□　掃除の時間開始のチャイムが鳴っても、掃除場所に向かうのが遅い。
　　遊んでいる。

□　掃除をせずに、おしゃべりをしている。

□　昼休みにトイレに行かず、掃除が始まってからトイレに行く。

□　特別教室を掃除するとき、部屋の鍵を友だちに取りに行かせたり、
　　戻しに行かせたりする。

□　自分の掃除場所をちゃんと掃除しないで、別の掃除場所に行く。
　　理由を聞くと、「掃除が終わったから」と言う。

□　ほうきで集められたごみが、そのままになっている。

□　掃除道具入れの底が、ごみカスで汚い。

チェック表を子どもに配って、チェックさせることもできる。

ただし、肯定的な言葉に直したチェック表の方がいい。

例えば、

□　掃除道具入れの底までがきれい。

□　ほうきで集められたごみが確実にすてられている。

□　掃除を静かに集中してやっている。おしゃべりがきこえない。

などである。

6 休み時間を制する者は学級を制する

休み時間は授業よりも自由だ。だから、子どもの素がいい意味でも悪い意味でも一番出る。子どもがいる場所も、教室や廊下、運動場などいろいろなので、教師の目が届きにくい。気をつけよう。

１．休み時間の荒れの前兆行動チェック表

☐　教室で追いかけっこをする。

☐　廊下で戦いごっこをする。

☐　前の授業で使った教科書やノートが机の上に置きっぱなし。

☐　廊下に座り込んでおしゃべりをする。

☐　「うざ（い）」「きも（い）」「死ね」と、子どもが言う。

☐　階段で、３段以上の段差から飛び降りる。

☐　教室用の将棋やトランプなどの遊び道具を誰かが使おうとすると、
　　怒り気味で「俺の（物）」と言う。

☐　教室のオルガンを大音量で乱暴に弾く。

☐　黒板に無断で落書きをする。

☐　トイレのスリッパがぐちゃぐちゃ。

☐　靴箱の上靴や下靴がぐちゃぐちゃ。下に落ちている靴もある。

☐　手洗い場の水が出しっぱなし。

☐　便器に、トイレットペーパーの芯が入っている。
　　（ひどくなると、新品のまま入っている）

☐　トイレの個室に、２人以上で入る。

☐　トイレに行った後、スリッパから上靴にはき替えようとしたら、
　　上靴がなくなっている。隠されている。

☐　他人の席に勝手に着く。机に座る。

☐　他人の文房具を勝手に触る、使う。

☐　教師の机の引き出しを勝手に開けて、物色する。

□ 他の教室に、用もないのに遊びに行く。
□ 運動場で遊ぶときは帽子を被るルールなのに、面倒くさくて帽子を被らずに遊ぶ。
□ ドッジボールで外野になった子どもが、味方の内野の友だちに「命ちょうだい」と言って、勝手に内野に復活する。
□ 次の時間が体育のとき、赤白帽子を投げ合って遊ぶ。
　勝手に、講堂の舞台の上で遊ぶ。
□ 休み時間終了のチャイムが鳴ってから、使ったボールの片付けをめぐって、ボールの当て合いをする。
　または、「片付けといてな」と無理やり押し付ける。
□ 休み時間が終わったのに、学級文庫やトランプなどの遊び道具が片付けられていない。ぐちゃぐちゃ。
□ 音楽室や理科室での専科の授業から戻ってくるとき、廊下や階段を叫びながら全力疾走する。
□ 専科の授業が終わったら、専科の教師の授業の悪口を嫌な感じで言う。

２．チェック表の使い方

　全ての項目にチェックがついても、１人だけなら学級崩壊の心配はない。反対に、１つの項目について、学級の２割以上の子どもが関わっていたら危険。

　チェック表は、「休み時間にやってはいけないこと」として事前指導にも使える。その際は、例えば「教室で追いかけっこをしてはいけないのはなぜか？　怪我をして危ないから」など、理由も子どもに教える。

　このチェックが多くつくと腹立たしい思いをする方もいるかもしれないが、ここは我慢である。

　ここから、「がんばろう」とやっていくのがいい。

　しっかりと受け止めて、少しずつ少しずつチェックがつかないようにしよう。

　子どもを褒めて褒めて伸ばしていこう。

1 低学年の荒れパターンと対策

> 「パワフルで素直。集中力が続かない。静かな時間が作りにくい。個人差が大きく支援対応が大変」といった特徴が低学年にはある。
> 低学年の特性にふさわしい対応をする必要がある。

1．授業をパーツで組み立てる

低学年は集中力が続かない。

そこで、

授業をパーツで組み立てよう。

例えば、次のパーツが考えられる。

国語　①フラッシュカード　②新出漢字　③視写　④音読　⑤読解
算数　①百玉そろばん　②算数じゃんけん　③教科書　④計算スキル

授業最初の活動は、全員を巻き込むことを意識して、組み立てる。
フラッシュカードや百玉そろばんなど、声を出す活動を入れておくと、その後の活動も継続して集中しやすい。

2．教室がシーンとする静の活動で心地よい空気を作る

低学年は体を動かしたくてウズウズしている。

椅子に45分ずっと座らせておくのは難しい。そこで、よく声に出させたり、動作化させたり、活動的な授業が行われる。

このような体全体を使って学習することは低学年では必須だ。

しかし、こればかりだと学級が落ち着かない。

そこで大事なのが、

> 意識して静の活動をいれる。

静の活動とは、静かに集中して行える活動のことだ。

静かな状態が心地よいという感覚を得ると、落ち着いた学級になる。

例えば、次のような活動は静かに取り組むように指導しやすい。

> 漢字練習でうつし書きをしているとき。
>
> 板書をノートに写しているとき。
>
> ドリルやスキルを解いているとき。

また、静の時間は教材でも作り出すことができる。

例えば、視写教材（うつしまる、おてほんくん、名文スキルなど）だ。

子どもが熱中する視写教材は、低学年ではぜひ採用してほしい。

３．だれでも分かりやすい支援で子どもが落ち着く

どの子にも共通する大事な支援を２つあげる。

> ① 指示は板書する。
>
> ② 短く分かりやすい言葉で話す。

①「指示は板書する」について。口だけの説明では聞き漏れが多くなる。

「漢字10→音読→よみとり」などの手順を板書するだけでも、何をするのかが一目で分かる。

②「短くわかりやすい言葉で話す」について。説明は短く15秒以内で伝えるように意識する。そして、一度に伝えることは１つだけ。

「体育館シューズと水筒を持って廊下に背の順２列で並びます」

これでは、聞き逃す。「聞いてない」と叱ると、子どもは荒れる。

「体育館シューズを取ってきます」。ほぼ全員取れたのを確認してから、

「水筒を取ります」→「起立」→「背の順２列」というように指示を分けるだけでも荒れは防げる。

2 使いやすい学習用具で、荒れを防ぐ

中学年は、算数でコンパス・分度器・三角定規、音楽でリコーダー、書写で毛筆を使う。学習用具は大事だ。上手く扱えないと、遊び道具として使うようになるので、こだわろう。

1．使いにくい分度器を買わないように、事前に説明

分度器を各家庭で購入してもらうとき、「こういう分度器を購入してください」と細かに条件やメーカーを指定しすぎると「ありません」と苦情が来る。そこで「使いにくい分度器」と「使いやすい分度器」を学年だよりなどで対比して説明する。イラストもつけると分かりやすい。

【 使いにくい分度器 】

・不透明で、下の線が見えない。

・中心の基準点がない。

・片方からしか角度を測れない。

・分度器に穴が開いている。

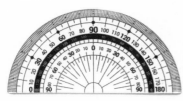

【 使いやすい分度器 】

・透明で、下の線が見える。

・中心の基準点がある。

・左右どちらからも角度を測ることができる。

おすすめは、縁が0°の基準線になっている分度器だ。分度器の縁に測りたい角の基準線を合わせるだけでいいので楽だ。個人的に10枚ほど購入しておく。保護者と子どもの了解を得て交換できる。

2．補助アイテムで、リコーダーを吹けるようにする

手先が不器用な子どもは、指でリコーダーの穴を上手に押さえるのが難しい。「ピ

キ――！」と、とても耳障りな高音が鳴ってしまう。

　教師が「もっと強く穴を押さえて！」と言わなくても、小さな力で穴を押さえて、きれいな音色で吹けるようになるアイテムがある。

【ふえピタ】

リコーダーの穴に貼ることで、滑らずにしっかり穴が押さえられるようになり、音漏れせずに演奏できるようになる。価格は、800円程度。100均の「うおのめパッド」でも代用できる。

この半透明のシールが
ふえピタ

【Nuvo Recorder ＋（ヌーボ リコーダー プラス）】

リコーダーの一つ一つの穴に、少しの力で簡単に開いたり閉じたりできる蓋がついている。息漏れしにくい。指先の細かい動きが苦手な発達障害、協調運動障害の子どもに、とてもやさしいリコーダー。価格は、1本2000円程度。

　「ふえピタ」や「Nuvo Recorder ＋」を教室に1つずつ置いておくと、懇談会で保護者から相談されたときに、すぐに実物を見せて紹介できる。特別支援教育担当の同僚に紹介することもできる。

　リコーダーをチャンバラ代わりに振り回していた子どもが、Nuvo Recorder ＋で上手に吹けるようになると、振り回すのをやめた。

　それは、なぜか。できるようになると楽しくなるからだ。嬉しくなるからだ。

　学習用具一つで子どもの荒れは増減する。しっかりと学習用具について考えよう。

3 教師の人間性が問われる、心しよう

低中学年は、教師との関係が悪くとも、学級が荒れないことがある。
力で抑え込むからだ。しかし、高学年ではほぼそれがない。
高学年の荒れは教師の人間性に起因する部分が大きいからだ。

1．荒れるパターン① 言行不一致

高学年の子どもたちは、思春期に差しかかる。大人に対して不信感を持ち始める。その時に、以下のようなことがあると、一気に信頼を落とす。

> 自分ができていないことを、子どもたちにだけ要求している

ことである。

「時間を守りなさい」と言いながら、教師が授業の終了を守らない。

「丁寧に書きなさい」と言いながら、教師の板書やノートが雑。

「廊下を走るな」と言いながら、教師は走っている。

「掃除をしっかりしなさい」と言いながら、掃除時間、自分は丸つけをしている。

　思春期の子どもたちに対して、「きれいごと」は通用しない。

　逆に、教師が率先して行動し、背中を見せることで、言葉以上の説得力があることがある。

　言行不一致は高学年の荒れの原因となる、よくあるパターンである。言行一致を目指そう。

2．荒れるパターン② 子どもにおもねる。

高学年に至るまでに一度でも荒れを経験している子どもたちは、教師のちょっとした隙をついてくる。

　少しでも納得のいかないことがあれば、これ見よがしに文句を言う。その時に、よかれと思って、子どもにおもねてしまいがちだが、それが逆に一気に荒れを加速させることになる。

例えば、体育の時間、子どもたちが「ドッジボールがしたい！」や、「サッカーがしたい！」と言ってくる。よかれと思って、それにおもねてしまっては、一気に荒れが加速する。

要求をすれば自分たちが好き勝手できる、という誤学習をしたことになるのだ。

　優しくするのとおもねるのとは違う。
　好き勝手、わがままを許すことが愛情ではない。授業時間は休み時間と違い、やりたいことをやる時間ではないことをしっかりと子どもに伝えなくてはならない。
　毅然とすべきときには毅然とすることが、高学年の学級経営では大切だ。

3．荒れるパターン③　学校のルールを把握していない。

　学校には、独自のルールがある。シャーペンはよいのか？ボールペンはよいのか？ルールがあり、それに違反していれば、見て見ぬふりはできない。
　見て見ぬふりをすれば、ルールを破ってもいいという誤学習をさせることになる。多くの学校の場合、ルールが紙面にあるだろう。
<u>教室のいつでも確認できる場所にルールを貼り付けておき、</u>
その都度、確認するようにする。
　ルール破りがあった時の対応には臨機応変の対応が必要で、一概には言えないが、まずは、学校のルールをしっかりと把握しておくことから始めよう

　■　小学校生活のやくそく

《けじめある生活をしよう》
☆　「あしそはい」「授業目標」に取り組もう。

- あ　あいさつは　おおきなこえで　じぶんから
- し　ただしいしせいは　グー・ペタ・ピン
- へ　へんじは　おおきなこえで　みじかく　ハイッ！
- そ　そうじは　すすんで　ねばって　さいごまで
- は　はきものぬいだら　かかとピタッ
- き　きりつをしたら　いすなおす

- ①休み時間に授業の準備をしよう
- ②話を最後まで聞こう
- ③ていねいな言葉で話そう
- ④字をていねいに書こう
- ⑤チャイムを守ろう

☆　持ち物には、学年・組・名前を書く。
☆　給食当番はエプロン・ぼうし・マスクをつけて仕事をする。
☆　そうじ時間（1時15分〜1時30分）を守る。
☆　上ぐつには（上）、体育館シューズには（体）と書き・上ぐつ・下ぐつ・体育館シューズの区別をする。（プール・体育館へ行くときは上ぐつのままでよい）

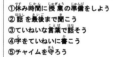

抱え込み指導せず、中間層に目をむけよ

教師が陥ってしまいがちな荒れのパターンが存在する。
そのパターンを事前に知っておこう。
そうすることで、陥ることなく逆に積極的に予防的な策を設けることができる

1．全ての悪の元凶！抱え込み指導はしない！

抱え込み指導とは、

> 教師が荒れた生徒の一部に対して、放課後に一緒に飲食を行ったり、休日にどこかに遊びに連れて行ったりすることだ。

「心配しているのは私だけ」と生徒指導事案を見逃して貸しを作ることもある。この指導は、荒れた学校に時によく見られる。

生徒にとっての"飴"を与えて問題行動を収めようとするやり方だ。こういう指導をすることで、一時的に問題行動は落ち着く。

また、抱え込んだ教師とその生徒の関係性もよいように一見見える。

ただ、抱え込み指導をいったん行うと、生徒はその教師の言うことしか聞かないようになる。

なぜか。荒れた生徒は"飴"をくれない教師の言うことを聞くメリットがないからである。

この抱え込み指導が横行すると、どれだけ生徒指導部で指導方針を固めたとしても、まったく意味がなくなる。抱え込んだ教師に指導がすべて任されてしまうことになる。その結果、教師によって、指導のラインが変わる。もはや抱え込んだ教師以外が指導すると、荒れた生徒は「あの先生は許してくれた」と言うようになり、他の教師がうかつに指導ができなくなってしまう。

さらに"飴"にも限界がある。最終的に"飴"に魅力を失った生徒たちは、抱え込んだ教師の言うことを聞かなくなり、誰の指導も耳に入らなくなる。そして、学校は加速度的に荒れていく。

２．中間層に目をかけないと、ヤンチャ集団が増える

　荒れた生徒を担任すると、その対応に体力が割かれ、何をするにもその生徒を念頭に置いてクラスの学活を考えることになり、精神が疲弊する。

　そのため、真面目な生徒や、落ち着いて何事もなく過ごしているような生徒に対して、目をかける気力も体力も少なくなる。

　何事もなく過ごしている生徒は、ヤンチャな方に流れるか、真面目な方に流れるか、どっちの方が楽しいのか、様子をうかがっていることも少なくない。よく"中間層"と呼ばれる生徒たちがここに当てはまる。

> **この生徒たちがヤンチャな方に流れると、一気にクラス・学年・学校が荒れていく。**

　そうならないために、中間層の生徒と個人ノートのやり取りを行ったり、生徒たちの間で班ノートを行ったり、行事で前に出てきたリーダーのサポートを全力で行うなどして、中間層の生徒に"前向きに学校生活を過ごしていれば先生や周りの生徒から認められるし、楽しいんだ"という体験を積み重ねていかなければならない。

　その結果、中間層の生徒たちが前向きな学校生活を行うようになれば、ヤンチャ生徒たちの問題行動もある程度のところで止まるようになる。

> **それは、ヤンチャ生徒も中間層の生徒たちの目は気になるからだ。**

　ヤンチャ生徒は教師との関係が悪化しても気にしないが、同じクラスの生徒や同じ学年の生徒との関係性はとても気にする。

　クラスメイトから"真面目にやろう"と言われたら、ヤンチャ生徒も表立って問題行動をしにくくなる。

中間層の生徒を育てることが、ヤンチャ生徒を間接的によくするのだ。

※中学教師の原稿なので、「子ども」を「生徒」と表している。

5 みんな過去の自分と同じと思って指導するな

授業で居眠りした記憶はなく、ノートは友だちからひっぱりだこ。
忘れ物もなく、真面目で勉強熱心。どの教科の授業も大好きだった、
いわゆる「優等生教師」。それが弱点になることもある。

1.「できた自分」のフィルターをはがそう

「自分は勉強ができたから、自分のやり方を踏襲すれば誰でもできるようになる」
と思い込んでいる優等生教師は多い。だから、

> 「何度教えたらわかるのだ」と思ってしまう。

勉強が苦手な子どもの気持ちに寄り添いにくい。

教師を目指す人は、一般的に他の人よりも、学校での成功体験が多く、学校への良いイメージをもっている。

ＩＱも平均値より高い人が多いそうだ。

学校教育が好きで教師になった人が多いので、日本の学校教育の伝統の「板書」と「教師の話」で授業をしてしまう人が多い。

すると「視覚優位（見て覚える方が得意）」や「体性感覚優位（体を動かしながらする方が得意）」な子どもが取り残されていく。

また、自分が体得してきた話だけで授業を進めたり、静かに座らせたりする活動を好む。

ゆえに、それに合わない子どもが不適切行動をするようになり、その子どもたちのテストの点数が悪くなる。

その結果、教師としての権威が下がっていく。そうならないためには、

> 自分の価値観を時には疑い、子どもたちの特性に合わせた指導方法（目で見てわかる工夫・体を使った活動など）を提供してほしい。

２．褒めることへのハードルを高めないようにしよう

　学級の「２割が上位・６割が中間層・２割が下位」と言われる。大切なのは、６割の中間層を上位に向けることだ。

　優等生教師は自分自身がよくできていたので、大したことでは褒めないことが多い。しかし、

> ６割の中間層を上位にあげるためには、少しでもできたことを褒めて伸ばしたい。

　でも、不適切行動を見ると叱りたくなる。そして、適切な行動は、適切であるために目立たないので放っておく。

　その結果、よい行動が強化されない。適切な行動をしているのに褒められないので、適切な行動をしている中間層でさえ、下位に移ってしまう。そして、学級は荒れていく。

３．相手の求めていることを知り、対応しよう

　ヤンチャ男子は、喧嘩上手である。相手を怒らせるのが得意だ。

> 相手の興味をひくために、不適切な行動をよくとる。

　例えば、「授業中に大きな声を出す」だ。

　そうすると、教師が反応して「叱る」。しかし、何度叱っても同じことを繰り返す。それはなぜか。相手の気をひくために「大声を出している」ので、教師が「叱る」ことは認めてもらっているのと同じだからだ。

　したがって、「叱る」が繰り返される行動をする。ヤンチャ男子の思うつぼである。

　授業を受けるより、こちらの方が面白いと感じたとしたら、授業をつぶす行動をする子が少しずつ増えていく。これは危険な状態だ。

　大事なことは、授業の充実を第一にして上手に無視し、他の子どもを褒めたり、大声を出す前に良い行動を示して褒めたりしていくことだ。

高学年女子には間接的対応を心がけよう

男性教師が高学年女子とのかかわり方がまずいと、学級が一気に荒れてしまう。
特に叱り方、褒め方が重要だ。
「間接的に叱る」「間接的に褒める」ことを意識したい。

1．高学年女子は、とにかく目立たせない

男子の場合、少々ガツンとやっても、納得していることなら反発はしない。逆に、短く叱ってさっと終わる方が喜ぶ。

女子も低学年なら、直接叱ってもその後褒めてあげると、大抵は「先生〜‼」とよってくる。

しかし、これを高学年女子にやった場合、一発アウトだ。

それを知らずにやってしまっている男性教師が結構多い。というか、私もその1人だった。

教師になって4年目の6年生担任の時、

先生のこと嫌いだから、話かけないでほしい。

とある女子から直接言われた。
（腹が立ったので、「嫌いであろうが話しかけるのが俺の仕事じゃ！」と言い返してしまったが…。）

最もやっかいなパターンは、一発アウトになったその女子が集団の中で力を持っている場合である。

その場合、その女子と仲のよい子ども全員が教師の敵になってしまう可能性がある。心しないといけない。

では、高学年女子には、どう対応するのか。
いつも心がけていることは、

> 目立たせない

である。

　一人を目立たせないで、褒める、叱るが大事なのである。

２．間接的に叱る

　叱らないといけないことは必ずある。

　どう目立たせずに叱ればよいのか。

　すごく悩んだ。

　悩んだ末によく行った方法が、

> 全体に伝える

である。

　例えば、「女子が休み時間に教室で鬼ごっこをしていた」ということを聞いた場合、直接その子どもたちを呼びつけて叱るというのは、好ましくない。

> 先ほどの休み時間に教室で暴れている人がいたと聞きました。
> ルールを守っていない人がいて、とても残念です。
> 先生は誰がやっていたか知っています。
> その人たちが次から同じようなことをしないでいてくれたら嬉しいです。

というように全体に伝えた。

　数年前、５年生の時に女子が超荒れた６年生を担任した。

　この年、女子たちがルールを破ることが多々あった。

　その時も、上記のように間接的に伝える対応をした。

　すると、

> 先生は、みんなの前で直接叱ってこないから、それがすごくよかった。

と、３学期に彼女たちは上記のように話してくれた。

女子の場合、教師との信頼関係がある程度できていても、直接叱ると関係が一発でアウトになる時がある。

年間を通じて女子を叱る場合は、間接的に対応した方がよい。

3．間接的に褒める

褒める場合も、直接「○○さんすごいな〜」などと個人名をあげて褒めない方が無難だ。

ではどうするか。間接的に褒めるのだ。

私がよく行う方法は以下の3つだ。

（1）紛れ込ませて褒める

例えば、姿勢を褒める場合、他の姿勢のよい男子たちを先に褒める。

その後に、女子を紛れ込ませて褒めるのだ。

「Aさん（男子）、Bさん（男子）の姿勢、とってもいいなあ。足のかかとがぴったりと床についているね。そして、Dさん（女子）、Eさん（女子）も同じようにいいね。さすがです」

（2）周りに言わせて褒める。

「さっきの掃除でむちゃ頑張っていた人がいました。誰か分かりますか？」と全体に聞き、周りの子どもたちに言わせる。

これは、発言した人も褒めることができる。

（3）一筆箋を書いて褒める。

褒めたいことを一筆箋に書き、朝読書の時間などにサッと渡す。

渡すときも目立たせないようにすれば効果的である。

ただ、叱る場合と褒める場合は少し違う。

褒める場合は、ある程度信頼関係ができているのなら、直接的に褒めても構わない。

とにかく、たくさん褒めてあげることを意識しよう。

そして、よい関係をつくっていこう。

1 「悪ふざけや冗談、いじる」と「いじめ」の区別を示そう

「いじめたつもりはありませんでした」「冗談のつもりでした」
いじめ指導のときにたびたび聞く言葉だが、これを逃さない。
これを防ぐことが指導の第一条件だ。

1．「いじめの定義」を生徒、教師間で共有する

文部科学省の策定した「いじめ防止対策推進法」の施行を見る。

> 「児童生徒に対して、当該児童生徒が在籍する学校に在籍している等当該児童生徒と一定の人的関係のある他の児童生徒が行う心理的又は物理的な影響を与える行為（インターネットを通じて行われるものも含む。）であって、当該行為の対象となった児童生徒が心身の苦痛を感じているもの。」

である。（引用：文部科学省ＨＰ「いじめの定義」より）要約すると、

> 一定の人間関係がある児童生徒に心身の苦痛を与える行為である。

しかし、この定義が原因で理不尽な事例が生み出される場合がある。

2．いじめの定義が悪用される場合がある

平成18年度より、いじめの定義から「一方的」「継続的」という文言がなくなった。これにより、不可解な事例が生じやすくなった。

例を挙げる。普段から生徒Aに頭を叩かれたり、蹴られたり、言葉でいびられたりしてきた生徒Bがいる。

ある日我慢の限界が訪れ、自分に対してひどい扱いをしてきた生徒Aに対して一発殴るという「やり返し」を行った。その「やり返し」に対して、生徒Aは「心身の苦痛を受けた。いじめられた」と、生徒Bを訴えた。

他にも、教師の指導に対して「いじめられた」と悪用されることがあった。

３．いじめの定義の悪用を事前指導で防止する

　これらの事態を防がないといけない。

　まず、道徳授業等で、文部科学省の「いじめの定義」を共有する。その後、この「いじめの定義」に気をつけて過ごすだけでは、いじめられている側が救われない場合があることを、上記の生徒Ａと生徒Ｂのような事例で示す。そして、教室全体に問う。「力関係が上だと考えられる生徒は、生徒Ａ、生徒Ｂのどちらですか？」と。

　生徒間に上下の力関係があることの共通認識を持たせる。

　次に、「生徒Ａと生徒Ｂ、訴えられるべき人はどちらですか？」と問う。(生徒Ａこそ訴えられるべきだ)(被害者は生徒Ｂです)など、正義感のともなった意見が出される。

　さらに、問う。「では、本当にいじめられているか判断するためには、文部科学省の『いじめの定義』以外にも、どんな点に気をつけたらよいですか？」

　すると「上下の力関係があること」「前からやられていた場合」のような意見が出る。このようにして、

「一方的な力関係」「継続的にやられてきた」の２点を抑えること

が必要である。

４．いじめかどうかを周囲が判断できるようにする

　上記の２点と、「いじめの定義」を生徒と共有・確認しておくことで

該当行為が生じたとき、「悪ふざけや冗談」か「いじめ」なのかを、周囲の生徒が判断できるようになる。

　さらに、要点を加えた「いじめの定義」を教室に掲示しておけば、該当行為を見つけ次第、「それはいじめです」と一言言うか、その掲示物を指さすだけで、行動を止めることができ、生徒間でも注意をしやすくなる。また、このような短い指導は生徒との言葉の応酬も防ぎやすい。

2 「共通理解、応援を呼ぶ、複数」が 大前提

教員一人で、複数生徒の問題行動を発見した時、指導するかどうか迷う。
生徒と揉める可能性があるからだ。これに対応するには、教師間で事前に
問題行動に対する共通認識を持っておく必要がある。

１．問題行動を指導する上での共通認識を持つ

　周りに被害を与える問題行動（校内徘徊・暴力・脅迫・強要・恐喝・放火・凶器
の所持）を指導する上で大切なことがある。
それは教師間で、

> 生徒指導中に、生徒と揉めてもいい

という共通認識を事前に持っておくことだ。
　積極的に怒鳴って生徒を抑えつけることを推奨しているのではない。
ついつい生徒指導に腰が引けて、指導すべき場面で指導を恐れる教師が増えるのを
抑止するためだ。
　教師が生徒指導を恐れる多くの理由は、「生徒と揉めて、事あるごとにその生徒
が反抗したら自分の授業が成立しないな…」「周りの先生から、あの時、何でもっ
と上手く指導しなかったんだと責められたらどうしよう」などと考えるからだ。
　「生徒指導中に、生徒と揉めてもいい」という共通認識を持つことで、指導した
教師が生徒と揉めたとしても、周りの教師・管理職は全力で指導した教師を守り、
フォローする体制を取ることができる。

２．もし一人で校庭の裏で悪質ないじめを発見したら、どうするか？

　いじめは、被害生徒の危機的事態なので、見つけたらすぐに体を張って行為を阻
止する必要がある。ここで、"生徒と揉めてもいい"という共通認識が、教師に一
歩踏み出す勇気を湧かせるのだ。
　具体的な対応の流れは以下の通り。

①できる限り、大きな声を出して制止する。

「別れ話は、喫茶店で行え」と昔から言われるが、外部の視線がある状況では感情的になりにくく、冷静に話ができるからだ。

悪質な問題行動への対応も、大きな声を出して、外部の視線を意図的に作る。校内の教員や近くの生徒、さらには学校近辺の一般市民に"ただ事じゃないことが起きている"ことを知らせる。

②スマホで、学校に TEL。他の教員の応援を頼む。

荒れた学校では当たり前だが、教師は常にスマホを持ち歩く。いつでも職員室に連絡ができるようにしている。また、このＴＥＬで、生徒のさらなる問題行動を抑止する効果もある。

③被害生徒を保健室など安全な場所へ連れていく。

可能なら、加害生徒を口裏合わせできない状態にして、一緒に連れていく。例えば、教師と被害生徒が横並びに歩き、その前後に加害生徒を位置させて校舎に向かう。

※加害生徒の数が多い場合

　被害生徒の安全確保を最優先し、保健室へ連れていく。ただその前に、加害生徒の名前を控え、加害生徒に自分たちで校舎に向かうように、できる限りの迫力で伝えておく。

3．校内の見回りは必ず複数で行う

　上記からも分かるように、教師一人で問題行動に対応するのは大変危険である。体育館の裏など問題行動が発生しやすい場所の見回りは、男性教師複数で行う。これによって、問題行動に複数で即時対応ができる。

　また、複数の教員の存在によって、対教師暴力の抑止にもつながる。

3 家庭の問題にせず対応することが信頼に繋がる

「誕生日会の問題は、家庭の問題でしょ」と一蹴したくなる。
だが、現実に教室でも人間関係が悪くなるので、無視はしにくい。
子どもにコミュニケーションの必要性を自覚させる手立てが必要だ。

1. 状況をよくつかむことが、まずは最重要

　お誕生日会がゴタゴタになるケース。最も多いのは、お誕生日会に「仲良しだと思っていた自分が、呼ばれなかった」という状況だ。

　主催者側は、気づいていないことが多い。

　問題が発覚するパターンは大きく2つある。

---

①呼ばれなかった子が、担任に訴えてくる。

②なんとなくギクシャクした雰囲気になっている。

---

①の場合は、まずはその訴えてきた子の話を時系列で聞く。

その後、主催者側にも個別で話を聞いていく。両者を突き合わせるのは、その後だ。

②の場合は、次のような場面で「なんとなく違和感」を感じやすい。

---

①当人同士がいつもと関わり方が違う。

②同じグループだったのに、違うグループでいることが多い。

③廊下やトイレ前でヒソヒソしていることがある。

④登下校が別々になっている。

　普段から様子を見ていると、これらの場面で「なんとなく違和感」を感じることができる。そこで、「何かあったの？」と聞くと、事情がボロボロと出てくることが多い。この場合、呼ばれていない子から話を聞いてもよいが、主催者側から話を聞く方が話の全容が見えやすい。

2．コミュニケーションが足りていないことが大半

　話を聞いていくと、家の事情で人数制限があったなど、担任ではどうしようもないことも多い。

　このお誕生日会関連で揉めるのは98％女子である。男子はほぼない。

　女子特有である。女子特有の揉め事で大切なのは、

> コミュニケーションが本人たちが思っているよりも足りていない。

ということを伝えることだ。俯瞰して自分を見るように伝えるのである。自分が考えていることを「相手も分かってくれているはず」という思考になりやすい。そこで、すれ違いが起こる。

「主催者が呼ばなかった理由は何か」「仲良しと思っていたのに呼ばれなくてどんな思いをしたのか」をきちんと伝え合わせることである。

　特に、呼ばなかったことで、呼ばれていない子は「仲良しと思っていたのに相手はそうは思ってない」と思いこむことがある。主催者は呼ばなかったのではなく、「呼びたくても呼べなかった」場合もある。

　トラブルとしては小さなことだが、対応を間違うとしこりが残る。

　両者のコミュニケーションをしっかりと取ることが必要だ。

> 担任が解決するというよりも通訳・仲介役にまわり、コミュニケーションを円滑にして自分たちで解決させる。

担任は、そういうスタンスがよい。

3．大人になってからもよくあることだと教える

　飲み会や結婚式などに呼ばれない。これは大人になったらままあることである。しかし、いちいち気にしているとらちが明かない。「ああ、そうなんだ」くらいで受け流すことが必要だ。そういったことも、「大人になるための勉強だ」として伝えるといい。そして「自分が誘う側になった時、相手に対しては気をつけよう」と話の着地点を示す。

4 初期対応をできるだけ早く行い、荒れの芽を摘もう

荒れると担任1人では対応できない。フォローが必要だ。
大切なことは「早めにフォローに入る」である。
そして、フォローする教師が「担任を超えない」ことも極めて大切である。

1．崩れ切ってからでは手遅れ

　新任教師の学級は、ほとんどが荒れる。

　荒れなくても、間違いなくガチャつく。ここで大切なことは、

各学級の状況を生活指導主任もしくは管理職が把握できているかどうか

ということだ。

　若い教師の学級の子ども同士のトラブルが増えたり、休み時間にすぐ戻る子が減ったりするなどガチャつき始めた時に、「もう少し様子を見ましょう」というような対応を取るとよくない。

　もう少し様子を見た結果、学級が荒れていく。

　そして、荒れが悪化する。

　空き教師が1人入り込むが、1人入った程度では事態は好転しない。

　さらに1人追加される。それでも、事態は好転しない。

　気がつけば1クラスに担任以外の教師が3〜4名入っているという状態になっている。学校がひっくり返るぐらい対応しているにも関わらず、状況がよくならない。その原因はいくつかあるが、一番大きな原因は、

初期対応の遅さ

である。

　様子を見るだけではダメなのだ。すぐにフォローに入ろう

２．荒れの芽が出た瞬間に対応しよう

> 学級がガチャついた時点で、生活指導主任や空き教師が給食や掃除などのフォローに入るべきなのだ。

　荒れが広がる前に対応していると、対応の労力は少なくて済む。

　そのためには、学校内で荒れの兆候を見つけるシステムを作る必要がある。

　私の勤務校では、生活指導主任と首席の教師が手分けして、毎朝各学級の様子を見まわっている。

> そして、少しガチャつく学級が出てくると、すぐに空き教師が給食や掃除のフォローに入る。

　フォローが始まると、学年会などにもフォローしている教師が入り、対応を一緒に考えている。

　このような初期対応の結果、市内でNo.1の荒れた学校であった勤務校が、ここ数年、学級崩壊を出していない。

　早めの対応が荒れを広げないポイントである。

　また、担任が、

> 「少しクラスがしんどいのでフォローに入ってほしいです」と声をあげることも大切だ。

　こういった声を上げることは、決して恥ずかしいことではない。

　なぜなら、学級がガチャつくというようなことは、もはや誰にでも起きることだからだ。

　この声をあげずに我慢し続けた結果、取り返しがつかないことが起きてしまう。

　仕事を辞めてしまった教師もいる。絶対にそうなってほしくない。

　遠慮せずに、自分から声をあげる。これも極めて大切だと思っている。

３．担任を「超える」指導は厳禁

そして、初期対応で大切なことは、

フォローに入った教師が担任を乗り超えて指導しない

ということだ。

　力ある教師がフォローに入ると、担任以上の指導力で子どもを統率してしまう。しかし、そうなると担任の権威は地に落ち、より担任の指導が入りにくくなってしまう。

　ただし、たまにはＴ１を担任と変わり、

実際に授業の仕方などを担任に見せてあげること

は大切だと思っている。

　若い教師の多くは、指導法が分からない。

　若い教師は多くの先輩教師からアドバイスを受けている。

　しかし、そのアドバイスが具体的な指導法へとつながっていない。

　ハッキリ言って、何を言われているのかサッパリ分からないのだ。新任の時の私もそうだった。

　当時、指導教諭として私についてくださった方がいた。毎日懇切丁寧に様々なアドバイスを長時間してくださった。しかし、私にはその意味が分からなかった。

　聞く力が無かったと言われればそれまでだが、残念ながら当時の自分には全くイメージができなかった。（イメージできないので、自分で考えてやっていると、「好き勝手やっている」とよく怒られた）

　似たようなエピソードを複数の教師から聞いたことがあるので、おそらく私一人に限った事例ではないと思う。

　そんな新任時代に一番勉強になったことは、ＴＯＳＳ教師である阪下氏の授業を実際に見せていただけたことである。（初任校で同勤した）

　先輩教師が授業の仕方などを実際に見せてあげることが大切である。

5 男子は「直接対応」、女子は「予告対応」で荒れを予防

小学校高学年が荒れる場合、男子中心の荒れと女子中心の荒れがある。
男子荒れか女子荒れかによって現れる問題も変わる。
特徴を押さえて対応しよう。そこには大きく分けて3つ、4つの特徴がある。

1．直接的な荒れをもたらす「男子荒れ」

学級の頂点には男子のボスが立ち、その周りにとりまきが数人いる。

男子荒れの特徴だ。以下がよく起こることである。

（1）給食が平等に分けられない

ヤンチャ男子が給食のおかずを勝手に振り分ける。
周りの子は自分のおかずが減っても何も言えない。

（2）学級の遊びグッズが独占される

休み時間に使うボールや雨の日遊びのグッズなどが、ヤンチャ男子に独占される。

（3）暴言や暴力

友だちに「でぶ、どっかいけ」などの暴言や、「押す、蹴る」などの暴力をふるうことが増える。また、教師に対する暴言や暴力も時にはある。
教師が誰か1人を注意すると、それに対して、関係のないヤンチャ男子たちが反抗を始める。

男子荒れの場合、目に見える「荒れ」が多い。

ただし、男子荒れの場合、ボス男子とそのとりまきの結束は、そこまで強いものではないことが多い。
1人ずつ反抗をつぶしていくと、教師への反発は圧倒的に弱くなる。
また、教師が大声を出すなどの力技を使っても、その後一緒に遊ぶなどをすれば、

ヤンチャ男子の心が教師から離れていく心配は少ない。

（4）男子荒れへの対応

　中間層の心をつかむという意味でも、全員を巻き込む授業をすることは大前提である。その上で、荒れた男子への対応は

直接的な関わりを増やす

ことだ。特に休み時間など、一緒に遊ぶことが必要となる。

　また、少しでも良い行動があったならば、「みんなの前で褒めまくったり」「褒めるための電話をかけたりする」など、直接的にガンガン関わるのだ。

　ここで大切なことは、次々と連続して関わり続けることである。

　関りの手を緩めると、すぐに悪い方に流されてしまう。

　直接的な関わりを連続で続けることにより、男子荒れは収まっていく。

２．女子が学級を荒らす場合

学級の頂点にボス女子数人が立つ。

　女子荒れの場合、時と場合によって、この頂点が入れ替わることがある。

（1）いじめ

　女子が荒れた場合、男子のように目に見えるガチャガチャ感は少ない。

　ただし、教師の目が届かない場所でのいじめや嫌がらせなどが増える。

　いじめの被害にあっている子どもは、絶対に声を上げられない。

　また、周りの子どもも声を上げられない。仕返しが怖いからだ。

（2）教師への悪口、暴言

　教師への悪口や暴言も出てくるだろう。

　ただし、女子の場合、男子と違ってあからさまにはしない。

教師が嫌がるギリギリの線をついてくる。

その反抗を1人ずつ潰していっても、女子の場合、結束が強い。

教師への反発がすぐに弱まることは絶対にない。

> **逆に教師がヤンチャ女子の共通の敵となり、結束がより強まる。**

そして、ヤンチャ女子の場合、周りの子どもを巻き込むこともうまい。

教師が1人のヤンチャ女子に対応すると

「○○が怒られて可哀そう」

などと言いふらし、教師へのアンチ世論をうまく形成する。

また、自分たちでもめることも多い。

グループ内での外しあいを行うのだ。そして、都合よく教師にヘルプを求める。

教師がそれに対応してもしなくても、「先生の対応が悪い。対応が遅い」と、ヤンチャ女子は反発する。

教師は振り回され、何をやっても反発しかされなくなる。

女子荒れの場合、男子荒れの数倍の労力がかかる。

女子荒れの対応は長期戦を覚悟しなければならない。

（3）女子荒れへの対応

女子荒れをおさめるために必要なことは、「予告を入れ続ける」だ。

> **このようなルール破り（トラブル）があった場合は、こう対応します。**

と起きる可能性のあるトラブルを予想し、学級全体に予告を入れ続けるのだ。

こうすることによって、女子トラブルを予防することができる。

そして、実際にトラブルが起きた時には、予告した通りの対応をすることが大切だ。その上で、なぜそのような対応をしたのかという趣意説明を、もう一度全体に伝えないといけない。これをしないと、ヤンチャ女子たちによって教師へのアンチ世論が形成されてしまう。

女子荒れの場合、こういった小さな対応を連続して行う必要がある。

1　1年目の荒れパターンと対策

　1年目は目の前の仕事でいっぱいだ。そのため小さなほころびを見逃してしまう。また、熱心に指導するがゆえに荒れを生み出すこともある。
　ありがちな荒れのパターンと対応を紹介する。

１．小さな荒れはシステムでチェック

　荒れの最初は本当に小さい。1年目はなかなか気づけない。

　例えば、履物がそろっていない、教室が汚い、子どもが机を隣とつけていない、などだ。これらに気づくためには、

> 気づくシステムを作ることが大切だ。

　例えば、朝の会で履物をそろえたかを確認する。朝に1分間掃除をする。教師が児童用のトイレを使う。机の脚の場所に印をつける。

　こういった小さな工夫だけでも、小さな荒れを発見することができる。

２．全体への指示を優先する

　「あの子にはこう言ったけど、この子にはこう言った」のように指示がぶれると、教師への不信につながる。

　子どもから質問があれば、個別ではなく全体に指示を出す。

　また、指示の出し方も大事だ。

> 手に何も持たせない。途中で口を挟ませないようにする。

　手に何か持った状態での指示は、指示ではない。

　必ず、「手に持っているものを置きます」と聞く姿勢を作ってから、指示を出す。また、教師が話している途中で質問をしてくる子どももいるが、いちいち反応していると荒れる。「質問は最後に聞きます」「話が終わるまで静かに聞きます」と、

毅然と言えばよい。

3．まずはできている子を褒めよう

　気になる子どもに対しては、より熱が入る。しかし、気がつけば他の子どもがどんどん荒れていく。非常に多いパターンである。そんな時にまずできることは、

> できている子を褒める。

　気になる子どもをすぐに注意したくなるが、その前にできている子どもを褒める。教師の指示通りに動いている子どももたくさんいる。その子どもたちの頑張りを認めないといけない。周りが褒められると、気になる子どもも少し頑張ろうと思う。
　まずは全体、それから個別。この順番を間違うと荒れる。

4．挙手指名のみからの脱却

　積極的に手を挙げる子どもを、ついあててしまう。気づけば手を挙げるのはいつも同じ子だ。他の子どもはやる気なく、授業に参加もしていない。
　そこでおすすめなのが、

> 挙手指名禁止である。

　毎回する必要はないが、1時間に1回行うだけでも違う。
　挙手以外にも様々な発表・活動ができる。
　例えば、列指名。列で前からや後ろから順番にあてていく。
　また、手を挙げていない子どもにあてる。いつあたるか分からないから、授業を聞くようになる。
　他にも、「隣や班で相談」「ノートに書く」「起立、言ったら座る」などを多様に使うことで、子どもが積極的に授業に参加するようになる。

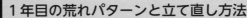

2 子どもとの約束は 「鉄の約束」と心する

信頼関係を築こうと「これも OK」「あれも OK」と、子どもとさまざまな約束をしてしまうのはよくない。破ってしまう可能性が高く、信頼がガタ落ちになり、本末転倒となるからだ。約束には気をつかおう。

１．休み時間の遊びを安易にうけると危ない

　子どもたちが「先生、次の休み時間、遊ぼう」とお願いしてくる。日々よくあるシーンだ。だが、ここで条件なしに安易に「OK」を出してしまうと、あとで大変なことになる。

　急に、同僚の先生から「次の時間、実行委員の担当を変わってもらえますか」とか、管理職から「緊急の会議をします」とか、予期しない用事が入ることがある。

　大人からしたら仕方がない場面である。しかし、子どもには通用しない。だから、

> なんでもかんでも引き受けていると、他の子どもたちの約束とブッキングしてしまうことがでる。
> そこから、「先生、一緒に遊んでくれるって言ってたのに～」から始まって、「あの先生は、嘘ばかりつく」という評判に代わっていく。

　約束を守らなくてもいいという行為を、教師自身が背中で教えることになってしまう。

　大人の事情は通用しない。気をつけて約束をしよう。

２．急な時間割の変更には応じない

　授業が始まった途端、「先生、前に、授業時間伸びた時、休み時間を伸ばしてくれるって言ったで」と、ヤンチャな子どもが声をあげる。何気ない教師の返答を覚えているのだ。

　ここで、「そうやな。前言ったから 15 分だけとるか」と折れてしまったらもう最後。次から次へと同じような要求が入る。

これが複数回続けば荒れにまっしぐらだ。

　そもそも、子どもたちの要求にそんな返事をしないことが一番大切だが、してしまったものは仕方ない。

　こういった場合でも、急な時間割をしないように、改めて時間を取ることを告げ、授業を続けるのがよい。

3．何気ない返事に気をつける

　教師は、「嘘をつかない」「約束を守ろう」と指導する立場にいる。子どもたちの模範でないといけない。

　自分の言葉に責任を持つべきだ。

　「ちょっと待っててね」「後でやるからね」「わかった」など、子どもたちは、教師のこのような何気ない一言を覚えている。これを言った教師本人は忘れてしまうのだが、言われた方・周りで聞いている子どもたちはしっかりと覚えている。

　最終的に「先生は嘘をついた！」と言われるようになり、信頼がなくなる。

　慌ただしい朝や短い休憩時間にも、教師のもとへ子どもたちが一気に押しよせて、いろいろ言い出すことがある。

　そんなとき、教師は何か他の作業をしていて、何気なく答えてしまう。

　しかし、そういったときほど、子どもたちにとっても、緊急性が高い質問や大事なお願いであることが多いので、心してきこう。

　本当に忙しくてできないのであれば、「今、何をしていて、これくらいで終わるから、それが終わったら、また言いにきてくれる？」と教師の現状をきちんと伝えることが大切だ。そして、名前をメモしておくことが大事だ。余裕ができてから対応すればよい。

　また、「約束はできないけれど、できたらするね。何か急な用事が入ったらできないけれど、わかっておいてね」というのもありである。

3 「授業の原則」を知るだけで、授業が良くなる

『新版　授業の腕を上げる法則』（著：向山洋一／出版：学芸みらい社）の中に「授業の原則十カ条」がある。これを知るか知らないかで、毎日、毎時間の授業が変わる。ぐちゃぐちゃな授業からおさらばしよう。

１．新出漢字の練習は「空白禁止」と「確認」の原則を使う

「授業の原則十カ条」は以下である。

第一条　趣意説明の原則
第二条　一時一事の原則
第三条　簡明の原則
第四条　全員の原則
第五条　所・時・物の原則
第六条　細分化の原則
第七条　空白禁止の原則
第八条　確認の原則
第九条　個別評定の原則
第十条　激励の原則

　「空白禁止の原則」は、子どもが何をしたらいいか分からない時間をつくらないことである。

　「確認の原則」は、子どもに課題を出したら、どこまでやったかを確認することである。

　例えば、国語の授業で新出漢字を練習させると、早い子どもと遅い子どもとの時間差が出る。

　そこで、早く終わった子どもに、次の課題を与える。

　しかし、課題の内容や指示の出し方次第で、授業が荒れてしまう。

　次の写真は、新出漢字の練習を子どもがしているときの板書だ。

板書することで、指示の聞きもらしや忘れるのを防げる。

新出漢字が早く終わった子どもへのおすすめの課題は、教科書の音読である。

音読の課題の良さは、2つある。

1つめは、早く終わった子どもも音読で声を出すことだ。漢字練習をまだやっている子どもも、安心して筆順を言うことができる。

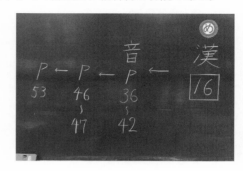

2つめは、教科書を音読する子どもがどんどん増えてくるので、漢字練習をしている子どもに適度な緊張感を与えられることだ。

2. 一文交代読みをさせて、空白の時間をつくらない

1人で音読をさせると、全く読まないで「終わりました」と言う子どもが出てくる。そこで、

2人組で、一文交代読みをさせる。

一文交代読みだと、自分が読まないと相手が読めない。

新出漢字の練習が終わった子ども同士で教科書の一文交代読みをさせると、なぜか普段の一文交代読みより楽しそうに音読をする。

ほとんどの子どもが漢字練習を終えたら、何ページまで音読をしたかを挙手で確認する。たくさんのページを読み進められた2人組の子どもが誇らしげに挙手するので、とても可愛い。

この確認を毎回繰り返すことで、漢字練習が終わってからも、集中して次の課題に取り組む子どもがどんどん増えてくる。

「男女で読んだ人？」と確認すると、男女2人組で読む子どもも増える。

また、「友だちの読み方がはきはきとしていたと思う人」と、たまに確認を入れるのもいい。

そういうことを入れることで、音読をしっかりとしようという意識が高まっていく。

空白を作ることをやめれば、全てが解決する

「たとえ1人の子どもでも、空白の時間を作ってはならない」
向山洋一氏の言葉だ。先のことまで考えて手を打っておくべきである。
空白を作らないために、向山氏は以下のような指示のコツを紹介している。

① まず全体に、大きな課題を与えよ。しかる後に個別に指導せよ。
② 授業中の個別指導は「完全に」ではなく「短く何回も」指導する。
③ 終わった後の発展課題は必ず用意しておく。

このコツを踏まえて、以下の事例をあげていく。

1. 全員が揃うまで待って挨拶するのはやめよう

　全員が揃うまで待つと、時間通りに来て待っている子どもたちは待たされ、時間通りに来なかった子どもは、ゆっくりと休み時間を過ごすことができる。

　これでは、正直者（時間通りに待っていた子どもたち）が馬鹿を見る。

　はじめは、まじめにやっていた子どもも、だんだんと自分も馬鹿らしくなり、時間を守らない子どもが増えてくる。

　だから教師は、チャイムが鳴った途端に授業を始める。

　そうすることで、時間通りに教室で準備していた子どもを認めることができる。

　さらに、楽しい活動から授業を始めると、遅れてきた子どもは、損をしたと思う。

---

① まず全体に大きな課題を与えよ。しかる後に個別に指導せよ。

　教師が時間を守ることの大切さを教える貴重な場面となる。

　後からいくらでも修正ができる。まず、できている子どもを褒め、始めよう。

2. ノートチェックでは、待たせない工夫をしよう

　「これができたらノートを持ってきなさい」。教室でよくある指示だ。

　ここで、一人ひとりのノートチェックを丁寧にじっくりとやっていると、列がで

きて、待っている子どもたちがどんどん増える。

　待っている子どもたちは、やることがないので、空白の時間が生じる。

　自然としゃべりだす。そこで教師が注意する。

　そうしている間に、さらに、ノートチェックの列が伸びる。

　さらに、空白の時間がある子どもが増える。教室は、騒然となる。

---

② 授業中の個別指導は「完全に」ではなく「短く何回も」である。

　一番大切な問題に絞って、１つだけチェックし、他は黒板に書かせて確認させるなどして時間調整をし、子どもを待たせないようにすることが大切である。暇な人を出さないようにしよう。

3．ノートチェックの〇つけ後には課題を示そう

　早くできた子どもは、次の指示がなければ暇になる。

　１人、２人とフラフラとしだすと、自然としゃべりだす。

　あっという間に、騒然となる。

　だから、早くできた子どもには、次の課題を示そう。

---

③ 終わった後の発展課題は必ず用意しておく。

　算数の授業時間ならば、

---

① 公式を唱えさせる。
② 黒板に書かれている他の友だちの答えが全部あっているかを確認する。
③ 班の友だちが終わっていなければ教える。

などが考えられる。

　その時間の課題がすべて終わっているのであれば、初めは読書がおすすめだ。こちらが子どもたちをコントロールしやすいからだ。

　最後の行動まで示すことで、子どもたちの行動は安定する。

5 トラブルのさばき方の基本を 身につけよう

ケンカは必ず起こる。そのさばき方を知っておこう。でなければ、しこりがのこり、どんどん学級は荒れる。基本的なさばき方を紹介する。（状況によって変わるので、基本として見ていただきたい）

1．トラブルの原因を探り、落ち着いて対応せよ

授業中、隣の子どものノートをこっそり見てしまう子どもがいる。

そこで「見るなよ」「少しぐらい、いいやろ」などの言い合いの喧嘩になりかけた。さて、この場合どう対応すればよいか。

---

① ノートを見た子どもを厳しく叱りつける

② 見て見ぬふりをする

③ なぜ、隣のノートを見てしまうのかの原因を探る

一番まずいのは、

---

① ノートを見た子どもを厳しく叱りつける

ことである。

他の子どもの前で叱りつけたり、立たせたりするのは最悪である。

見ている子どもたちには、「罪をはたらいた子ども」というイメージが出来上がってしまう。

叱られた子どもは、他の子どもの視線に恐怖を感じるようになり、何もしなくなるかもしれない。

仮に、他の子どもたちの見ていない所で叱ったとしても、「叱られることが怖いから、もうやめよう」という程度では、その叱った教師がいない自習などの場面で同じことを繰り返す。

「叱られるのが怖いからやめる。あの先生の前ではしない」では、解決にならない。

---

② 見て見ぬふりをする

はどうか。これは、その後の両者のトラブルの原因を野放しにすることになり、よくない。

　その子どもは、何かの必要性があって隣の子どものノートを見ている。

　容認してあげたい気持ちもわからないでもないが、どんどんエスカレートしていく可能性もある。

　では、

---

③ なぜ、隣のノートを見てしまうのかの原因を探る

はどうか。これが一番大切である。

　叱るだけでは、対症療法であり、根治療法にならない。

　なぜ、隣のノートを見てしまうのかの原因を探る必要がある。

　その原因は、

---

①ノートに何を書いてよいのかわからない。
②教師の言っている意味がわからない。
③授業内容を理解していない。
④学力的に問題があり、手助けを必要としている。
⑤隣の子どもと何らかの関わりを持つためにする。
⑥つい癖になってしまっている。
⑦自分の答えに自信がなく、確認してしまう。

など、いろいろと考えられる。

　教師は「なぜどの子も満足させられるような授業をしなかったのか」「この子どもが理解しやすい入力の仕方は何なのか（例えば、視覚・聴覚のどちらが優位なのか）」などを探りながら、原因を突き止める。

　原因を突き止めて、その子どもにあった対応を一つ一つあせらずに積み上げて行けばよい。

　授業の中でも「何にもやらないことが一番いけません。写すのもお勉強のうちで

す。分からない時は、遠慮なく答えを見て書いていいですよ」と、全体に写すことの大切さも同時に繰り返し伝えていく必要がある。

　そうすると、黒板や教科書を見て答えを堂々と写すことができ、隣を見る必要もなくなってくる。

２．喧嘩両成敗を使う時の事例

　取っ組み合いのけんかになった場合はどうか。事例はこうだ。

「おい。俺のノートを見るなや」。授業中であろうが、テスト中であろうが、関係なしに大声を出して不満を言うＡ君に対して、Ｂ君が「大きな声で言うなや」と言い返し、取っ組み合いのけんかになったという場合だ。

　まず、２人を引き離し距離をおく。

　２人が落ち着いたら、授業の後で話をきく。

　落ち着かなかった場合は、他の子どもに課題を与え、２人を廊下に呼んで対応する。

　この場合、けんかをした２人は自分が正しいと思っている。

　そこまでいかないにしても「自分の正当性」を述べ「相手の非」を責める。こうした話を延々と聞いていても、話はこじれて大きくなるばかりである。

　そこで「喧嘩両成敗」の対応をする。

---

　① 両者から事情を聞く。（原則として１回だけ）
　② よく分かったと伝える。（分からない時は、ポイントのみ質問する。また、
　　　状況によっては見ていた子どもにも聞く）
　③ ２人ともに良くなかった点について謝らせる。

　見られた方にも、見られるだけの価値のあるノートだったこと、隣から頼りにされていることを付け加えると、納得する場合がある。

　ただ、２の状態がいつも起こるようであるならば、さばきだけの問題だけでは解決が難しい。そもそもの物理的距離を離そう。（このような対応の仕方を「合理的配慮」という場合もあるようだ）。この子たちの席を「できる限り、遠くにしておく」と、このようなことでトラブルが発生する可能性が少なくなる。こういうことも考えて荒れに対応しないと、たくさんのさばきが必要となってしまう。

6 叱れないからの脱却を図ろう

ダメなことをしていても先生から叱られない。そういうクラスはどんどん荒れる。何を叱ったらよいか、どう叱ったらよいかを押さえれば、子どもを叱っても問題ない。むしろ頼もしく感じてもらえる。

1．「これをしたら叱ります」と宣言する

子どもや保護者に嫌われるから叱りたくないという教師がいる。しかし、気を付けたいのが「叱らない＝優しい先生」ではないということ。大事なことは、

> 「これをしたら叱る」と子どもたちに宣言して、きっちりと叱る時に叱ることだ。

例えば、

> ① 危険なこと・危険な遊びをした時
>   例えば、窓側でふざける。廊下の窓にもたれるだ。（先生はあなた方の命を預かっています）
> ② 人の嫌がること・いじめ行為をした時
>   例えば、人の悪口をノートに書くなどだ。（犯罪です）
> ③ 何回注意しても改めない時
>   ３回以上注意をしても直さない時だ。（成長するために学校に来ています）

さらに、自分の大切にしたいことには、こだわりを持って指導する。
例えば、人の頑張りを笑うなど、教師が絶対に譲れないと思うことは、強く指導すると、子どもたちは納得しやすい。

2．叱る際の注意点2つ

> ① 長々と叱らない。

② 過去に遡って叱らない。

10分叱っても意味がない。事の重要度で指導の熱が変わってくるが、通常、叱られている子も周りで聞いている子もうんざりする。短時間で叱って「はい終わり」と切り替えることも大事だ。

また、過去のことを持ち出さないのが大原則だ。「この前もあなたはできていなかった」のように過去のことを言われても、子どもの変化は望めない。今のことに焦点をあてよう。

3.「これをしたら叱ります」と宣言する

怒るは自分の感情をぶつけることであり、叱るは相手により良い方法を示すことである。

つまり、叱るからには、

子どもにスキルを身に着けさせることを意識する。

叱る前より、ほんの少しだけ賢くしたい。そういう意識を持てば、叱り方も考えられるようになる。

「どうしていたらよかったと思う」
「いつ、やめといたらよかった？」
「前より早く落ちつけたね」
「すぐに謝ったのはえらいぞ」
「次こうなっていたらすごいよなぁ」

このような良い行動につながる言葉がけをして指導を終えたい。
子どもは、叱る教師は嫌いではない、怒る教師が嫌いなのだ。
褒めるために叱る。ちょっと賢くするために叱る。
そういう意識を持てば、叱ることは決して悪いことではない。
そして、何よりも信頼を得た状態で叱ることが大事だ。

7 朝、給食、掃除、終わりの流れは真剣に計画せよ

朝の会が落ち着かない。掃除を一生懸命やらない。
こういったことが続くと、子どもは荒れる。
何のせいで流れが悪くなっているかを見極め、ポイントをおさえよう。

1．朝の会では「動の活動」と「静の活動」を意識しよう

① 挨拶
② 健康観察
③ 忘れ物・筆箱の中身チェック
④ 詩の暗唱
⑤ 1分間清掃
⑥ 先生からの連絡

　動の活動と静の活動を意識する。

　挨拶と詩の暗唱は動の活動になる。朝から声を出すことで、やる気のスイッチを入れている。忘れ物チェックや1分間清掃は静の活動になる。静かにしゃべらずにする活動で、落ち着いた時間を作ることができる。

　勤務校は朝の会が5分ほどしかないので、これぐらいしか入れていないが、他にも学級目標を確認したり、班で挨拶をしたり、ペアで話し合いを入れたりすることも可能だ。

　また、朝の会の進行を日直がしている学級もあると思うが、

当番が進行することをおすすめする。

　たまにしかない仕事では、上手く進行できないからだ。
担当を決めておくと、どんどん上手くなり、進行がスムーズになる。
すでに荒れている場合は、教師が進行したほうがよい。

2．叱る際の注意点2つ

　給食当番はどこまでするのか、何をして待つのか、細かく決めておく必要がある。
　特に給食の用意をする時は荒れやすいので、例えば、次のようにする。

---

① 当番だけがナフキンを用意し、エプロンに着替えて、手を洗う。
② 時間差で当番以外の人が手を洗いに行く。
③ 当番は廊下に並ぶ。
④ 当番以外は全員の机を班に分けて本を読んで待つ。
⑤ 当番が配膳する。
⑥ 当番以外の人は班に配られてきたものを手伝う。

　ポイントは、一度に全員を手洗いに行かせないこと。
　全員で配膳しないこと。
　人数が多すぎると、それだけでトラブルの元になる。
　必要最低限の数で配膳をすると、個々のスピードも上がる。
　他にも給食時間ならではの荒れもある。それは、給食時間を休憩時間と同じと考え、何をしてもよいという空気を作りだしていることだ。

給食時間は学習の時間です。
友だちと協力し、楽しく食べること。
関わっている人に感謝して食べること。
を学んでいます。
学習時間にそのような態度はよいですか。

としっかり伝える。教師も学習時間だと思って指導をしないといけない。
　学校給食法にも、給食時間は学級活動だと書いてある。
　給食の目的を伝えていないと、何でもありになってしまう。

3．掃除は細かく場所を決める

　友だちとおしゃべりしながらの掃除、班の中で強い者が弱い者に指示する掃除、
楽をしようと思えば楽ができる掃除のシステムでは荒れを生む。

班単位でやっても個々が考えて一生懸命できるというクラスは、それにこしたことはないが、力関係が顕著に出ている例もたくさんある。

　掃除で大事なことは、

誰がどこを掃除するかを明確にすることである。

「あなたはほうき」ではなく、「ほうきでここからここを掃除します」と明確にする。例えば、次のような掃除当番だ。

	なまえ	たんとう
1	もとよし	ほうき①
2	みなみ	ほうき②
3	なかたに	ほうき③
4	かさはら	ほうき④
5	ごとう	ほうき⑤
6	きた	ちりとり

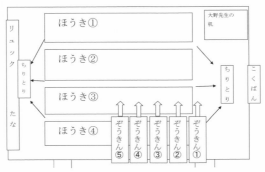

　掃除道具にも番号を貼り、誰が何番の箒を使ってどこを掃除するのかを明確にする。掃除場所が確定していると、責任感が生まれる。

　また、「ここを掃除したのは誰？　とってもきれい」とピンポイントで褒められる。

　すでに班単位で掃除当番を作っていたとしても、班の中で誰がどこを掃除するのかを明確にすればよい。これだけで、掃除中のトラブルはかなり減る。

4．帰りの会は、シンプル イズ ベスト

　帰りの用意がだらだらしたり、おしゃべりが止まらないのは最悪だ。

終わりの会で、何をしているか。友だちの良いところを言い合ったり、忘れ物がないかの確認をしたり。何をしてもよいのだが、大事なことは、

> できるだけシンプルにすることだ。

私のクラスの帰りの会は、以下の流れだ。

> ① クラスの半分は帰る用意、もう半分は名札を名札入れに入れる。
> ② 帰る用意ができた人は名札。名札が終わった人は帰る用意。
> ③ 挨拶「さようなら」

先生からのお話はない。どうしてもある時は、帰る用意の前に伝える。
子どもは早く帰りたい。早く帰る用意をしても早く帰れないと荒れる。
用意を急いだら早く帰れると分かると、子どもの用意は速くなる。
帰りの会は短時間であればあるほど荒れない。
極端な話、先に挨拶をし、帰る用意をした人からさようならでもよい。
そうはいっても、学校や学年で決められていることもあると思う。
帰る用意が速くなり、トラブルがおこりにくい方法を紹介する。

> ① 時間を測る。（毎日測り、黒板にタイムを書いておく）
> ② ランドセルを取りに行かせる人数を半分にする。もう半分は名札を戻すなどする。（取りに行く時に混んでトラブルになるのを防ぐ）
> ③ 水筒置き場をいくつかに分ける。（水筒を落とすことがなくなる）
> ④ 教室の動線を確認する。（一方通行にする）
> ⑤ 友だちのものを持って行ってあげることを教えて、できたら褒める。
> ⑥ 靴箱で人がいっぱいになってトラブルになるなら、名前を呼んだ人から教室を出られるようにする。
> ⑦ カギ閉め係を作る。教室に誰も残させない。

このような少しの工夫で、トラブルは減らせる。

8 クラスの席替えは、様々な用途に応じて行おう

子どもたちは席替えが大好きだ。
だからこそ、子どもたちの発達段階によって、席替えは変化するべきだ。
席替えで失敗すると、学級経営が難しくなる。

1．席替えで配慮すること

① 視力が弱い子どもをあらかじめ前にする。

② 前回と同じ席にならないようにする。

③ 子ども同士の相性を考慮する。

④ 支援が必要な子どもの配置に注意する。

（不注意傾向な子どもを前にする。刺激に反応しやすい子ども同士を離す。光が苦手な子どもを窓際にしない。音が苦手な子どもを廊下側にしない。不登校気味の子どもの席を後ろの出入り口近くにする。など）

⑤学力のバランスを考える。

2．様々な席替え方法を知る

① 教師が決める

（メリット） 教師がやりやすいようにコントロールできるので、授業や学級経営がやりやすい。離したい子ども同士を離すことができる。

（デメリット） 子どもの意思が反映されない。途中からは実施しにくい。組み合わせに失敗すると、クレームに発展しやすい。

② くじ引きで決める

（メリット） 公平感がある。運次第なので、文句が出にくい。
教師の準備も簡単である。短時間で済む。

（デメリット） 人間関係などすべて運任せになる。

③ 子どもが自由に選んで決める

（メリット） 子どもたちの自由意思が尊重されやすい。子どもたちの人間関係を把握しやすい。

（デメリット）仲良しグループに固定されやすい。力関係に左右されやすい。組み合わせにより、授業態度が悪くなりやすいことがある。

3．状況に応じて選択する

　始めは、「出席番号順」を続ける。そうすることで、子どもたちの間から、席替えを切望するようになる。しかし、安易に席替えには乗らない。

　学級のほとんどの子どもたちが席替えをして欲しくてたまらない状態まで待つ。そこで、「先生は、今のままでも問題ないので、特に席替えをしなくてもいいと思っています。でも、そんなにしたいのならやりますか？」（やりたいです）「どうしても？」（どうしてもです）といったやりとりを繰り返す。その後、「うるさくなったり、先生の言うことを聞かなかったりする人がでたら元に戻します」という条件をつける。

　初めは、「教師が決めた席」がいいだろう。子どもたちの人間関係がわかり、ある程度仲良くなった段階で「くじ引き」に移る。

　席替えを何度か経験し、男女分け隔てなくある程度仲良くなった段階で、「子どもが自由に選ぶ席替え」に移ってもいい。

　男女の席は、決めた上での「お見合い形式」、そして、自由に席を決める席替えへと徐々に自由度を高めていけば、無理なく子どもたちの関係も崩れずに進めることができる。

　これの逆をやってしまい、子どもたちの声を優先して、初めから「自由度の高い席替え」をしてしまうと、弱肉強食の世界になってしまう危険性がある。徐々に緩めるのが大事だ。

〜お見合い形式の席替えの仕方〜　（向山実践）

①黒板に席のマスを書き、どこに男子、女子が入るのかの印をつける。

②男女の代表がじゃんけんする。負けた方が廊下に出る。

③勝った方が前の黒板を見て、印が書いてある場所を選んで座る。

（希望が重なったらじゃんけんで決める）

④男女入れ替え。今度は負けた方が席を決める。

⑤負けた方が席を決めたら教室の後ろにいく。勝った方をよぶ。
　教室の前にいかせる。

⑥教師の「ご対面!!」の合図で、その席の場所にいく。

---

9 1年目の荒れの救いは、生徒とつながりやすいこと

1年目の荒れの救いは、生徒とつながりやすいこと。
教師1年目は、生徒指導力や授業力が低い。しかし、年齢が生徒に近い分、彼らにとって近づきやすい。話しかけられたり、遊びに誘われたりすることも多い。これを活かし、楽しい関わりで関係性を築こう。

1．信頼と尊敬がなければ指導は入らない

「友だち先生は、教室が崩壊する」「荒れの兆しを見逃してはいけない」。そんなことを大学の授業や本で学んだ。だからこそ、教室を荒らさないために注意したり、指摘したりを毎日何十回も行っていた。

しかし、注意の多さに比例して、子どもたちの心は離れ、教室も崩壊に向かった。『他の先生たちも同じように注意しているのに。なぜ、自分が指導した時には生徒が反感を持つのか』と、不思議でならなかった。

当時の私は、次のようなことを勘違いしていたのだ。

> 正しいことを言えば、多くの生徒が分かってくれる。

これは全く違っていた。正しくは、

> 信頼されている人が正しいことを言えば、多くの生徒は分かってくれる、だ。

人は感情の生き物だ。嫌だと思う人の意見は聞き入れづらい。「自分の行動を変えなければいけない」ならば、なおさらである。

> 中学生には、何を言ったかよりも、誰が言ったかが大事だ。

だからこそ、教師自身が信頼される人間でなければならない。

2．中学生でも一緒に遊ぼう

信頼されることは簡単にはできない。しかし、若手教師には特権がある。
生徒にとって近づきやすい存在であることだ。
心の感覚も生徒に近い分、彼らも関わりやすい。だから、まずは

> 休み時間に、生徒たちと遊ぼう。

遊ぶことで信頼関係が築ける。これは中学生にも有効だ。
中学校では、教師が生徒と遊ぶ雰囲気はほとんどない。
しかし、ぜひ勇気を出して一緒に遊んでみてほしい。遊びは若手教師の特権だ。
新米教師という立場を活用して、ぜひ一緒に遊ぼう。

> 遊びのメリット
> ① 「敵」という認識が薄れ、「信頼感」が生まれる。
> ② 関わりの薄い生徒同士をつなぐことができる。
> ③ 生徒理解がすすむ。

①は、特に大きい。事務仕事などよりも先生は自分たちとの時間を優先してくれ
ているのだと生徒にも伝わり、「信頼感」を生む。よって、指導が入りやすくなり、
関係性が崩れた時の回復も早まる。
②は、一緒に遊ぶグループと関わりの薄い生徒を教師が遊びに誘い、関係性をつ
なぐきっかけをつくる。（よく状況をみて判断する）
③は、授業中とは違う良さや一面を知ることができる。

3．「遊び」のレパートリーを増やそう

「遊び」といっても、ドッジボールなどの外遊びだけで
なく、手押し相撲や囲碁などの中遊びでもよい。ネットで
検索すればたくさん出てくる。ぜひ調べてみてほしい。個
人的に一番おすすめなのが、「五目並べ」である。ルール
も準備物もとても簡単だ。
碁盤は、碁盤の目をB5サイズの紙に、裏表で印刷する

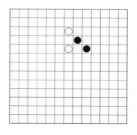

ことで代用する。（前図参照）碁石については、白い碁石は鉛筆で紙に○を書き、黒い碁石は○を塗りつぶして●にすることで再現できる。

これらをすることは、生徒と学年職員には事前に周知したうえで実施しよう。

４．生徒と休み時間に話そう

しかし、「遊ぶこと」が難しい状況にある学校もある。その場合は、

> 休み時間に、生徒たちと会話するだけでもよい。

会話が苦手な人は、あらかじめ生徒が好きな有名人、ゲーム、マンガの話などのネタを仕入れておくことも大切だ。また、今日の授業のがんばりを認めたり、感想を聞いたりすることでもよい。

そのとき、可能ならば、

> １人でいる生徒を、他の生徒とつなげたい。

「つなげる」は、生徒と話しているときに『○○さんもそう思うよね』などと、別の生徒に話題をふることでよい。そうすることで、生徒同士が話すきっかけをつくれる。１人でいる生徒も大事にしたい。

５．とにかく一緒にいよう

これらを実行するには、

> 普段の 10 分休み、昼休みに、生徒と一緒にいること。

しかし、普段のあなたが休み時間に職員室にいる場合、学年フロアや教室にいると、「監視」に来ていると警戒される。だからこそ、普段から学年フロアや教室にいることが大切だ。また、その時間を確保するために、逆算して仕事をしよう。「休み時間は教師にとっても休憩時間」という考えでうまくいっていないならば、実践してみてほしい。

その学校の地域性を把握しておくこと

初任から5～6年たつと初めての転勤となる。そして2校目で荒れを経験する教師も少なくない。特に初任校が地域的に安定した学校であった場合、2校目で大きなしっぺ返しをくらうことになる。

1．何も通じない

初任校は地域的にかなり厳しく、常に荒れを抱えた学校だった。少し気を抜くと、すぐに学級や学校が荒れていく。

そんな勤務校にベテラン男性教師が転勤してきた。

市内でも力があると定評の先生だ。

数か月後、その先生が、

> この学校では、今まで自分がやってきたことが何も通じない。
> 今まで自分は何をしてきたんだろう。

このように話をされていた。

この先生はそれまで2つの学校で勤務されてきた。だが、どちらも安定した学校だったようだ。そこで通用していたことが全く通用しなかったそうだ。「本当に困った」と話されていた。

この先生の場合、そこから自分のやり方を修正し、学校に適応していかれた。

多くの場合、初任校で経験し身につけたことは、良くも悪くもその人の教師としての軸となることが多い。ゆえに、初任校で身につけたことが2校目で通じなくても、それを貫き通そうとする教師が多い。

そして、うまくいかないと、

> 子どもが悪いから！

と子どものせいにしてしまうことが多いが、それはよくない。

２校目に転勤してきた教師が学級を荒らす原因の多くは、１校目と２校目の
ギャップにある。このギャップから抜けだすことが大切だ。

　しかし、それは大変なのである。簡単ではないのである。なぜなら、それまでの
自分を否定しないといけないからだ。

２．地域差があることを知っておくこと

> まずは、地域によって学校の様子や慣例が全く違う

という認識をあらかじめ持っておくことが大事である。

　そして、「安定した学校の荒れた学級」と「地域的に厳しい学校の荒れた学級」
では、荒れのレベルが想像以上に違うということを心しておくことが大切だ。

　隣の校区であってもである。こういったことを肝に銘じ、

> 今うまくいっていることも、他の学級や他の学校では通じないかもしれない！

という心構えを持っておくだけでも変わってくる。

３．自分を少しは疑ってみる

　学級がうまくいっていると自信がつく。自信を持つことはすごく大切だ。しかし、

> うまくいったのは自分の実力ではなく、運がよかっただけなのかもしれない

と、ほんのちょっとは自分の実力を疑い続けることも必要だ。

　そうすれば、うまくいかなかった時に自分を変えやすくなる。

　そして、常に修業あるのみである。

2 まずは現状を受け入れ、周りを褒めていく

転勤1年目の教師に大変な学級を担任させる学校がある。
また、なぜかクラス分けでしんどい子どもが集まる場合もある。
そうなった場合、まずは現状を受け入れること。そこから始まる。

1．現状を受け入れること

　管理職は、あえてそんなことをしているのだ。少し経験を積んだこともあるし、まだ若いし、エネルギーもあるだろうから、いけると考えるのだ。

　言語道断なことであるが、そんな学校があるのも事実だ。

　また、友だち関係などでクラスを分けていくと、しんどい子どもが集まっている場合もある。

　そのようなクラスを担任した時、他のクラスと自分のクラスの雰囲気の違いに悲しい思いをし、モチベーションを下げてしまうことがある。

　私は、そのようなことをよく経験した。

　そして、他の学級の方がよいと感じてしまうのだ。

　しかし、教師がモチベーションを下げても、よいことは何も起きない。

　このような場合、まず大切なことは、

> クラスの現状を受け入れる

ということだ。

　クラスの現状を受け入れ、様々なトラブルや問題行動などの最悪の事態を想定する。

　そして、そのような状態が起きたと仮定して、その場合にはどんな対応をするのかまで具体的に考えておくのだ。

　最悪の事態をイメージし、その対応まで考えておくと、動じることが減っていく。

２．周りを褒める

　現状を受け入れ、動じることを減らす。

　では、その後は何をすればよいのだろうか。

　それは、しんどい子どもではなく、その周りにいる大半の子どもを安定させるのだ。これを、

中間層の維持

という。

　ではどうやって中間層の子どもたちを安定させるのか。

　基本はとにかく褒めるということにつきる。

　では、何を褒めるのか。

指示通りに動いたという事実

を褒めるのである。

　しんどい子どもには教師の指示は入りにくい。

　だが、指示通り動いていないしんどい子どもに教師の注意はいく。

　しかし、いくらしんどい子どもが多いとしても、クラスの大半の子どもは教師の指示通りに動くことができるはずだ。

　だから、指示通りに動いていない子どもを注意するのではなく、指示通りに動いている子どもを連続で次々と褒めていく。

　そうすれば、しんどい子どもも、周りの動きに影響されて、ワンテンポ遅れてだが、指示通り動くようになる。

少し遅れてでも、しんどい子が動いたならば、それを褒める。
それを心がけると、しんどい子どもも指示を聞くことができるようになる。

　これが忘れてはならないポイントである。

3 よくできると思ったのは、周りの配慮のおかげだった

「自分はよくできる」と思い込む。これは悪いことではない。
しかし、感謝を失い、思い込みが強くなりすぎると様々な失敗をもたらす。
慢心してはいけない。失敗を糧にして、学ぼう。

実力以上の結果が出ることがある。だが、調子にのらない

いい学校の管理職ならば、若い時は楽なクラスを担任するように新任を配置する。

> 特に初任から5年目ぐらいまでは、クラス替えの時に配慮された学級を担任させてもらえることが多い。また、若さという強い武器もある。だから自分の実力以上の結果が出る時がある。

このようなことが数年続くと、「俺って（私って）よくできる!!」という勘違いを起こしてしまう。

4年目の時の私がそうだ。1～3年目まで勢いだけで学級を経営していた。うまくいった。そして、自分はできると勘違いをした。

次の年、荒れた6年生を希望した。「自分なら楽勝」と思っていた。

しかし、初任校は地域的に様々な問題を抱えた校区。その上に荒れた6年生。想像を絶していた。なめていた。

毎日死に物狂いだった。何時に寝ても朝の3時になると目が覚める日々が1年間続いた。そして何とか卒業式を迎えることができたが、

> なんで調子にのって6年生の担任を希望したんやろう…。

こう思うことが多々あった。たまたまなんとかなったが、一歩間違えたら教師を辞めていたレベルであった。

自分の実力を見極めることはすごく大切なことである。どうか調子にのらないでほしい。

4 まずは現状を踏まえた 学級経営案を作ろう

前年度の学級のイメージに引きずられてしまうことがある。
それは４月新しく学級をつくり上げていく上で好ましいことではない。
そうならないために、学級経営案を作ることが大切だ。

1．前の学級と比べない

４月の学級スタート時に気をつけることがある。

過去の学級と比べないことである。

前年度３月の学級の状態を教師はイメージし続ける。

そして、その状態より上の状態に早く到達させようとしてしまいたくなる。

その結果、あれもこれもさせてしまう。

そうすると、うまくいかないことが多く出る。

以前の学級ならうまくいったのに…。この子どもたちは…。

と子どもの責任にしてしまったら、終わりである。

　私がよくしてしまった失敗である。

　初めから高い要求をして、それに応えられる子どもたちも時には存在する。しかし、それは教師の実力ではなく、子どもの実力が高かったにすぎない。

　それなのに、次の年により高い要求を子どもに押し付けてしまったら、うまくいくはずがない。

　うまくいかないだけならまだしも、

納得していないことをやらされると、子どもはやらされ感を募らせ、教師への反発が生まれてくる。

そして、学級の流れについていけない子どもが出てくる。

特に前年度荒れている場合、そのついていけなくなる子どもが多く出て、ここから荒れていく。

大事なことは、３月が終わった時点で、まずは教師が過去の学級のイメージをスパッと断ち切ることである。

２．学級経営案を作ろう

毎年教師は、子どもがゼロの状態から学級をつくっていく。

何も準備していないと、イメージと記憶だけで学級経営をすることになる。

これは地図を持たずに冒険に出るようなもので、よくない。

大切なことは、

> 学級経営案を作る

ことだ。

簡単なものでよいから、学級経営案は作った方がよい。

それを目安に４月からの学級経営を行うことができる。

学級経営案には何を書けばよいのか。

私は以下の３点を軸に書いている。

> ① 学級のゴールのイメージ
> ② 各学期に取り組むべきこと
> 　　※ 月ごとに書くことができれば、よりよいものになる。
> ③ 自分の対応などの細かな技術

これを作っておくと学級経営でのブレが少なくなる。

いつの時期にどんなことをすればよいのかも明確になり、学級経営での迷いが少なくなるのだ。

まずは、一度自分で作ってみることだ。一度作っておくと、毎年修正を繰り返すことになるので、学級経営案もよりよいものとなっていく。

言葉を削る、
一時に一事で荒れを防ぐ

荒れていると「わからん、無理」などのマイナス発言が多く出る。
教師の言葉や説明を極限まで削ることが大事だ。一時に一事で指導をすることで、それを防げる。

1. 言葉を削り、わかりよくしよう

「算数の教科書を出して。34 ページの 6 ～ 9 番をやりましょう」

この指示はよくない。向山氏がよく言われる理由は、

指示が 2 つも 3 つも入っていて混乱するから

だ。言葉を削らなければ、子どもには意味がわからない。

教科書。（少し待つ）出します。（少し待つ。早い子を褒める。「いいね、だしてるね」）34 ページ。（少し待つ）6 番。（少し待つ）やりましょう。（やらせる）（ほとんどの子ができたら、答え合わせをする）

実際には、褒め言葉がもう少し入る。（褒め言葉を入れて、言葉が多くなるのは問題ない）。「なんだ」と思う人がいるかもしれないが、45 分授業だ。この短い時間が何十回も繰り返されると、一日にすると量がものすごくなり、馬鹿にできない。なるべく単語で言おう。そして、穏やかに言おう。

よくない理由の 2 つ目がある。それは、

一気にやることを示しすぎると、早い子と遅い子の差がつきすぎる

ことだ。「6 ～ 9 番をやる」で、まずは一緒に 6 番だけをさせる。

そうすると、準備が遅い子どもも追いついてきやすい。

ほとんどの場合、初めに問題を見つけるところから時間差は生まれる。だから「6

番を見つけた人。手をあげて」などと早い子を確認して褒めながら、遅い子を待つ。
（これを「待たないように見せかけて待つ」という）

　何秒かの時間差をこれで埋めてから、７〜９番をさせる。

　そうすれば、はじめの「６〜９番をやりなさい」と比べると、時間差はかなり少なくなる。

２．追いつける配慮をし、自己肯定感を下げさせない

　授業の初めからつまずいたら、荒れている子は余計に荒れる。

　遅れていても追いつける活動をしたり、待たないように見せて待つ技を使ったりすることが大切だ。

　遅れている子どもが多いと思えば、

---

① 答えを言うのを１人でなく、急遽、２，３人に言わせる。

② 花丸を丁寧に描かせたり、花丸を２つ描かせたりする。

③「先生、こんな子どもたちと会ったことがない」などと、大げさに褒める。

３．まずは、わかりやすい活動を行おう

---

① 作文を写すだけの作業。　　　　②漢字を書く。

③ 直写シートを使って、写す。　　④読書をする

⑤ 動画をみる。（NHK for school など）　⑥音読をする。

などの簡単作業をして、私は褒めている。

　これらはだれでもわかる活動だ。質問も出ない。

　だからこそ、真面目にする子が多い。

　みんなが真面目にやっていると、集団の力でヤンチャな子もやらざるを得ない雰囲気になる。やっている子が増える。そこで思いきり褒める。

　ヤンチャな子も褒める。そうやって、「がんばったら褒められる」を実感させていくことでクラスはよくなる。とにかく褒めるのだ。

2 「できる、簡単、短時間」の パーツを多めにしよう

できると自信がつく。できないと自信をなくす。
誰でもできることをたたみかけることで自信をつけ「できる」「やろう」となっていく。荒れているときは、特に誰もができることを行おう。

1．荒れているときは、簡単な活動でたたみかけよう。

普段の国語の授業は、通常は以下で進めている。

---

① 漢字スキル　　　　　　　　7分
② 話す聞くスキルか暗唱　　　3分
③ 教科書音読　　　　　　　　5分
④ 教科書内容の読解
　　（物語文ならば、中心人物の検討や要約、クライマックスの検討など）　30分

しかし、荒れているときならば、

---

①フラッシュカード（熟語の読みなど）
②漢字スキル
③話す聞くスキルか暗唱
④写す作文教材 OR 学習ゲーム
⑤教科書音読
⑥教科書を読み取る簡単な問題

などとする。このようにパーツを多めにしての学習を行う。

　1つ1つが長すぎないので、飽きないで子どもが取り組めるし、学習内容もそれぞれ難しいものではないので、追いつける。

　⑥の問題も、クイズ形式のような一問一答形式にしていけば、子どもはのってくる。「この場面のごんは兵十と出会っていますか？」「兵十はゴンのつぐないに気が

ついていますか？」などである。その後に、理由を教科書の文から探させる感じで
進めるといい。

2．簡単な活動のパーツを集めよう

　国語以外の教科でも同じことだ。以下のパーツは他教科でも使える。

---

① 暗唱　② チャレラン　③ 写し丸くん　④ 動画をみる。
⑤ クイズ（間違えてもなんともない）
⑥ わかったこと、気がついたこと、思ったことを箇条書きにする。
⑦ フラッシュカード　⑧ 音読

　これらのパーツを多く散らばせて進めるのが、荒れている時の大事なポイントで
ある。子どもがついてこれるから、荒れる暇がない。
　子どもが荒れるのは、授業が分からず、説明できない子どもが７割近く出たとき
である。授業のパーツを改善しよう。かなりよくなる。

3．間違えさせない工夫も大事

　１人だけを間違えさせない工夫も大事だ。
「Ａくん」と１人を当てて「～～です」と答えさせるとき、間違えていると子ども
はけっこう傷つく。次から答えなくなる。
　列指名でどんどん当てて、最後に正解を言わせるほうがいい時もある。
　また、２人で１つのことを決めさせるのもありだ。「お隣と相談をして１つに決
めなさい」などだ。
　班で１つに決めさせるのもいい。「班で相談して、１つに決めなさい」のように
させるのもいい。
　毎回このような技を使うと人任せになってしまうデメリットもある。
　しかし、荒れているときは少し多めに使い、当事者意識を持たせながら「自分一
人が間違って、だめだなあ」と思わせない工夫が大事である。（荒れの程度が激し
いときは使えない場合もある。そこは臨機応変にする）

3 わかりやすい宿題を出し、量は少なめにする

宿題について朝から指導をし、対決するのは得策ではない。
特に荒れている学級の場合は、宿題システムについて真剣に考えよう。
そうでないと、いつまでたっても荒れは収束しない。

1．宿題の量を調節し、宿題に関する指導を減らす

荒れている学級の子どもは、授業を進んでは行わない。

荒れている状態で宿題をしてくるか、通常はしてこない。

宿題をやってこないなら、教師はやってこない子どもを指導しないといけない。

すると、どうしても、叱責や注意が多くなる。宿題で子どもとの関係を悪くしていく。これを立て直しの当初からするのはよくない。

これでは、荒れている子どもと対決するシステムを作ってしまっている。それで、私は以下のようにしている。

---

① 難しい宿題を出さない。写すだけの宿題など簡単なものにする。

② 立て直しに要する2カ月間ほどは、宿題を少なめに設定する。

③ 宿題のやり直しも、毎日毎日厳しくはしない。やるとしても週に1回程度とする。

教室でやたらと指導するシステムを作らないのが大事である。

なお、私は黄金の3日間には、基本的に宿題を出さないようにしている。

大変な子どもとの関係を宿題のことで崩したくないからだ。

2．真面目にやっている子どもが得するシステムを作る

宿題をやっている子どもが報われない環境を作ってはいけない。

つまり、宿題をしていない子どもとやっている子どもに対して、同じ対応をしないようにすることだ。

そうでないと、「なんだ、してもしなくても同じか。真面目にやるのがばからしい」

という風土が作られてしまい、荒れていく。

　やっている子どもがきちんと評価されるシステムを作る必要がある。

　私は、月に１、２回ほど、宿題をあまりやっていない子どもには、放課後に宿題の残りか、違う課題をやらせるようにしている。

　そして、その時にいつもきちんとやっている子どもは、すぐに帰れるようにしている。

　このシステムで、真面目にやっている子どもが損をすることはない。

　もちろん、昼休みに宿題をやっていない子どもにやらせることもある。

　しかし、それは週に１、２回ほどでいいと考えている。

　やっていない子どもをずっとチェックしていると、それはそれで、子どもにストレスがたまる。そして、授業中も荒れていくという悪循環になる。

　それをふせぐための週に１、２回ほどである。

３．宿題の内容と実際

　毎日２つぐらいである。金曜日は３つにしている。

---

① 漢字スキルのテスト練習（テストに出るのでがんばる）

② 暗唱練習（名文や都道府県、歴史人物など）

③ 日記かテーマ作文

④ 簡単な計算プリント

⑤ 計算スキルノート（授業中にやったことの復習問題なので、できる）

　これらの中からさせている。

　これも学級の実態に合わせてやってほしい。漢字パズルのようなおもしろい宿題も一つの手である。

　とにかく、楽しく。無理のない量の宿題にしてほしい。

4 ICTを使った授業は、荒れていても通用する

> パソコンを使った授業は2パターン。1つはタブレットやパソコンを子どもに使わせる授業。1つは教師がパソコンを使って進めていく授業。
> この2つは子どもに好評である。荒れていてもたいてい通用する。

1．子どもにICTを使わせる授業は荒れを鎮静化する

1つ目は、タブレットやパソコンを子どもに使わせていく授業。

> 荒れているならば、少し多めにさせるのもいい。
> 週1回が通常ならば、週に2回以上するのもいいだろう。
> （ただし、クラスが立て直ってきたら、多く使っていた分、少し回数を減らす）

タブレットなどは、基本、授業力を必要としない。よいサイトを紹介すれば、すぐに子どもを満足させる授業となる。

お勧めのサイトは以下である。

「①勇者計算騎士ナリガイガー ② Hour of code（プログラミング）
③スクラッチ（プログラミング）」

3年生以上ならば、総合の時間に自己紹介のコンテンツをパワーポイントで作らせるのもいい。写真を撮る、動画を有効に使う、フェードなどの機能を教える絶好のチャンスである。

ただし、ものすごく荒れている場合に、高学年、中学生はカメラ機能などでよけいな写真をとったりすることもある。そこまでの荒れの場合の時は使うのを制限することもありえる。

2．ICTを使わせた授業でよくある失敗を防ぐ

ICTは子どもに興味をもたせる。

しかし、使わせる時に空白を生じさせると子どもはだれるので、以下のことには対策を立てないといけない。

① すぐに起動しない場合の対応。

→休み時間から準備をさせておく。パソコン室ならば、一括で電源をONにできるように教師がしておく。

② そのソフトの場所にたどり着けない子への対応。

→教師が一度教えたら5割ぐらいの子はたどりつく。わかった子が他の子に教えるミニ先生システムを導入する。

③ うまく操作できず、難しいと思う子への対応。

→簡単なソフトを用意する。さきほどと同様にわかった人が教えるミニ先生システムを導入する。

④子どもの手元にタブレットがすぐにこない場合の対応。

→タブレットは保管庫に入っていることが多い。これは、子どもが自分でとるのではなくて、配らせるのがいい。自分以外のものを配らせるシステムを使うと早く配れる。配っている子どもがきちんと評価されるシステムを作る必要がある。

3．ICTを使わせた授業でよくある失敗を防ぐ

　2つ目は、教師がコンテンツを作って行う授業。私は道徳でよくやる。

　子どもが大変喜ぶ。コンテンツを作った授業は、基本精選された授業だし、動画もこまめに入り、子どものくいつきがとてもいい。参観日の授業でもよくやる。

　子どもが道徳の時間前に「先生、今日はパソコンを使った授業をやるの？」ときいてくるようになる。この気持ちはわかる。やはり、かなり真剣に研究した授業なので、子どもがわかりやすいのである。

　ただ、作るのが大変ではある。量産はできない。

　だから私は、道徳の授業はセミナーなどで販売されているコンテンツを購入するが、すばらしい授業が多い。

　一度買えば、教師生活でずっと使えるのでお得である。

　TOSSのセミナーに参加すると、たくさんのICTコンテンツが販売されている。私もたくさん買って追試してきた。特におすすめは道徳のコンテンツだ。河田孝文氏と長谷川博之氏、2人の先生の授業がお勧めである。感動して、泣いてしまうほどだ。セミナーに参加して購入されることをお勧めする。

5 落ち着かせるには、静の活動を増やすのがいい

闘いの映画を見ると興奮する。静かな映画、静かな音楽を聴くと落ち着く。
これはまぎれもない事実だ。荒れを落ち着かせるには、静かな活動、静かな空
間を作るのが最も手っ取り早い。

１．静の活動を多くすると荒れはおさめやすい

授業のタイプには静と動がある。どちらも大事である。

> 荒れている場合は、動の授業のコントロールが極めて難しい。

例えば、音読をさせて真面目に取り組まない子がいる。
そのときに「立って１回読みます。座っても読み続けます」と言っても、立って適
当に読む子が出てくる。
こうなると、別の手立てが必要になってくる。例えばこうだ。
「立って音読をします。真面目に読んでいる子から座ってもらいます。名前を言い
ますね」と言って読ませる。
こうすると、真面目に音読をせざるをえない。「適当に早く読んで座ろう」とい
う子が減る。
このような技を使えばいいが、そのタイミングが難しい。そして、それでもやら
ない子がいれば、新たな対応が必要になってくるので、難しい。
しかし、静の活動なら、そのようなことを考えなくてもいい。

２．静の活動の具体例

静の活動。例えば、「写しまるくん」という写す
作文教材がある。

これは、やることがわかっているので、「しーん」
として取り組む。この静かに学習に取り組む時間が
大事である。

子どもたちには、感覚的に「学習は静かにやらないといけないんだ」ということがわかる。

　理科ならば、写し紙を使うのがいい。じっくりと観察をせざるをえない活動になる。

　教科書の図などを写し紙で写し取ってノートにはるだけでも美しさが違う。子どもも、がぜんやる気が出る。これは、社会の挿絵でも使える。

　他には、読書の時間を多くするのもいい。難しく考えなくていい。学級に静かな時間を作るだけでもクラスは落ち着いていく。上手に授業の中に静の活動を配置していくことが大切である。

３．いつまでも静の活動で学習に取り組むわけではない

　荒れているときは、静の活動を少し多めにすると言った。

　しかし、だからといって、ずっとそういうわけにはいかない。

　静の活動を多くして、「学習は真面目に取り組まないといけない」を体感させるが、それが習慣になってきた時に、動の活動（音読などの声を出す活動）を少しずつ増やしていくことが大事である。

　静の活動によって学習に真面目に取り組む習慣ができてきたので、動の活動をしても子どもが真面目に取り組むことが多くなる。

　子どもの状態がよくなればなるほど、動の活動を増やしたい。

　逆に荒れているときは、静の活動を増やすのがいい。

　子どもの様子をみて、選択してほしい。

6 100点を取らせる授業を行えば、荒れない

> 漢字テストで100点、市販テストで90点以上を取らせる。
> これができると、子どもは荒れない。
> 普段から、すごくがんばるようになるからだ。

1．まずは、漢字テストで100点を取らせる

　「効果がある」「役に立つ」と実感できる授業なら、子どもは荒れていても学習に取り組む。

　例えば、漢字の学習だ。しかし、荒れているときの4月が大変なのは、今までの成功体験が少ないから、そもそも取り組みが遅いということだ。

なんとしても初めのうちに100点を取らせることが大事だ。

　100点を取らせる方法は、

テスト本番と同じ問題を3回以上させる。

そして、本番前にも練習させる。

ことである。もちろんそれまでに指書き、なぞり書き、写し書きで1日4つほどの漢字を練習させる。そして、空書きでしっかりと確認する。

　これをすると、たいていの子どもが100点を取る。

　一度100点を取った子どもは、できると思うようになる。こうなると、子どもたちは本気で漢字学習に取り組む。

　そして、次からは練習を3回もさせなくても、100点を取れるようになる。

自信をつけさせるのが、とにかく大事なのである。

2．算数テストで90点以上取らせ、自信を持たせる

　テストに直結する学習も子どもたちは好きだ。いい点数をとれるからだ。

　算数の学習で、公文式のスタイルで復習タイムを取っている。

大阪市の白黒テスト（カラーでなく白黒の雑なテストで、非常にわかりにくいテス

ト）でも平均95点をとった。（もちろん、普段の授業を計画的に、わかりやすくするのが前提である）

算数テストのやり方はこうだ。

---

① テストに関係する問題のプリントを5枚ほど用意する。

② 1枚目ができたら、黒板の前にはってある答えをみて、自分で丸付けをする。（もし間違えていたら、同じプリントをする）

　※教師はこの時に勉強がしんどい子のフォローに入る。

③ 2枚目、3枚目と繰り返していく。

④ 全てができたら、あまり進んでいない友だちに教えに行く。

　（自分でできそうなら教えない）

⑤ 早く終わったら、本読みか自主学習をさせる。

なお、この時のプリントだが、3枚目ができたら、テストでほぼ90点以上はとれるような内容にしておくことが必要だ。

テストの練習プリントは、人数の2倍分は印刷をしておく。たくさんできるようにしておくのである。

また、やりたい子どもには「お家でやってもいいよ」と伝えるのもよい。

3．信頼を取り戻したら、普通に授業を進める。

いつもこのような授業はしない。

信頼を得て、「自分も勉強ができる」と思わせたら、少し難度の高い授業というか、普通に授業を進めていく。

初めの1カ月がとにかく大切だ。

この1カ月で「あっ、今度の学年は勉強がなんかできる、わかるわ」と思わせることが大事である。

そのためにできる活動、おもしろい活動（例えば、コンテンツを使った漢字クイズのような授業）、テストに直結する活動の授業を多めに仕組むことが大切である。

子どものやる気にスイッチを入れる授業とシステムを取り入れよう。

1 算数「円を線で分ける（向山実践）」

荒れている学級では楽しい授業が何よりも大事だ。
向山氏の「円を線で分ける」授業。
できる子もできない子も、全員が楽しく取り組めるので、おすすめである。

1．優れた算数実践である「円を線で分ける」授業

円を線で分ける授業には、算数の授業の基本が詰まっている。

教師の言葉を最小限にした明確な発問と指示と、授業中にノートを持ってこさせること、評定をすることなどである。

算数授業の1時間の流れが、この授業を追試するだけでできる。

楽しい授業なので、教師に従わされている感が少ないのもよい。

学力に関係なく取り組める。

円を描いて線を引かせるだけである。どの子も取り組むことができる。学力が低位の子でも活躍する可能性を秘めている。

2．授業の実際の展開

> 発問：円を貫く1本の線をかきます。円はいくつに分かれましたか？

答えは2つとなる。

> 発問：2本の線を引くと、円はいくつに分かれますか？
> ノートに、いくつと書いて持ってきなさい。

3つや4つとしか書いていない場合は、「50点」と言って返す。
「3つと4つ」と書いてあれば、100点である。

列をつくらないよう、素早く個別評定するのがポイントだ。

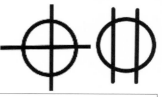

発問：線を３本引くと、いくつに分かれますか？
ノートに図と数を書いて持ってきなさい。

　４つ、５つ、６つ、７つが正解。各25点とする。
　４つとも書けていたら100点である。
100点だった子どもには黒板に書かせる。
　早く書けた子とまだやっている子の時間調整となる。

発問：線を４本引くと、最高でいくつに分かれますか？
ノートに図と数を書いて持ってきなさい。

　11こが正解。
　わかった子には黒板に図を書かせる。

3．追試するうえで気を付けること

　円を線で分ける授業を追試するうえで気を付けることは、評定を瞬時にすることだ。

　評定に時間がかかると、荒れている子どもたちに「この先生は頼りない」と判断されてしまいかねない。優柔不断なところを見せてはいけない。

　また、ノートを持ってこさせて列を作らせてしまってもいけない。

　ここから学級は荒れていく。（長い列は学級崩壊の亡霊を引き寄せているのと同じである）列ができないように瞬時に裁く必要がある。

　円を線で分ける授業をする。算数が楽しかったとの反応が必ず返ってくる。

　しかし、これだけで終わってはいけない。これをきっかけに日々の授業で子どもたちを満足させられるようにすることが重要である。

2 国語「⊠漢字パズルの授業」

向山洋一氏の漢字パズルの授業。荒れた学級での国語の授業開きでも通用する。家で「授業が楽しかった」と話題にあがったり、休み時間や家でも子どもが取り組んだりする。

1．解答数の目安を示し、熱中させる

荒れた学級でも熱中するポイントは

> 「⊠の中に、どんな漢字がかくれていますか？
> 30以上さがしなさい」

と、いくつ解けるのかの目安を示すことである。
　また、向山氏は、次の漢字を正解にしてもいいと述べている。

> 木・水・米・旧・光・十一

　答えの許容範囲が広いので、ヤンチャが活躍できる。屁理屈が上手で知的な子どもも熱中する。

2．「⊠漢字パズル」の授業の続き

　子どもが見つけられない漢字を教師が示し、子どもの尊敬を勝ち取る授業を紹介する。許容範囲の限界ぎりぎりの漢字が子どもを熱中させる。
＊QRコードは、パワーポイントの授業データである。

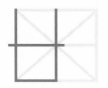

発問：「廿」。読みは？（ヒント「十」と「十」）
説明：にじゅう。

発問：廿日市市の読みは？
説明：はつかいちし。広島県に実際にあります。
発問：「卅」の読みは？（ヒント「十」「十」「十」）
説明：さんじゅう。

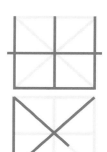

発問：「〆」、何て読む？
説明：「しめ」きり。

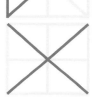

発問：「乂」、何て読む？（ヒント「刈」る）
説明：「か」。

発問：「丫」。（ヒント「ワイ」じゃない。髪型の名前）
説明：「あげまき」

発問：「〇」、漢字？　漢字でない？
説明：漢字。日本漢字検定協会が認定している。
発問：訓読みは？（まる）
発問：音読みは？（れい）
発問：部首は？（ヒント、目を細めたら見える）
説明：くにがまえ。

発問：「升」、何て読む？（ヒント「私は行き升」）
説明：「ます」
発問：升は、漢字？　漢字でない？　ほんの少し漢字？（桝記号）
説明：升は、JIS では「一般記号」ではなく「準仮名・漢字」のグループに定義されている。
発問：升、漢字？　漢字でない？　ほんの少し漢字？（ほんの少し漢字）

3 社会「挿絵の読み取りで ヤンチャを統率する」

高学年社会科でよく行う写真や挿絵の読み取り。
ヤンチャな子どもは必ずと言ってよいほど、この挿絵の読み取りにはまる。
読み取ったものを「箇条書きで書かせる」、これがいいのだ。

1. 長篠合戦図屏風を読みとる

６年生、社会科教科書。２学期教材に「長篠合戦図屏風」の挿絵がある。

> この挿絵を見て、分かったこと、気づいたこと、思ったことを箇条書きしなさい。

と指示を出す。ポイントは「箇条書き」で書かせるだ。「①柵がある。②馬がいる」
というように数字をふってから、１行空きでノートに書かせていく。

書くにつれて、当たり前だが、数字が増えていく。この数字が増えていく事実が
子どもを熱中させる。

挿絵は教科書に記載されている。５月ぐらいから、この挿絵の読み取りを行える。
読み取りにかける時間は通常５分から10分程度。これは学級の実態に合わせて変
えてよい。

私の場合、この「長篠の戦い」のころになると慣れてきているので、30分の読

み取りに挑戦させる。するとヤンチャな子どもが 100 個以上書いたりする。挿絵の読み取りを行うことで子どもを褒めることができる。

２．授業の展開

基本的な授業の展開は以下だ。

１．挿絵の読み取り「この絵を見て分かったこと、気づいたこと、思ったことを箇条書きします」→５分から 10 分程度。

２．個数を評定「何個書けたか数を確認します。全員起立。先生が数字を言っていきますから、自分の数が言われたら座ります」と言って、１から数字を言っていく。最後まで残った人が、その日の読み取りのエースとなる。

３．指名なし発表「書いたものを指名なしで発表していきます」と、指名なしで発表させる。発表の時間は数分でかまわない。ただし、１人１回は必ず発表させるようにしたい。

４．先生が問題を出す。「今から先生がこの挿絵について問題を出します。答えをノートに書きなさい」と指示。出す問題は以下の通り。

  ①何と言う戦い？（長篠の戦い）

  ②何軍 VS 何軍？（織田、徳川連合軍 VS 武田軍）

  ③勝ったのは？（織田、徳川連合軍）

  ④この戦いが行われた季節は？（６月 29 日だから夏）

  この④の発問で必ず討論となる。大いに盛り上がる。

５．現時点での最終意見を書かせる。または感想を書かせる。

３．読みとりと個数評定＆指名なし発表をセットにする

挿絵の読み取りを行った後に「個数を評定し、箇条書きしたものを指名なしに発表」という活動をセットにする。これが大事である。

毎回、同じ流れで授業を行うので、子どもたちは安心して授業に取り組むことができる。

挿絵の読み取りは荒れた学級を安定させる指導法の一つである。

4 道徳「ソーシャルスキル対応『三者間トラブル』」

子どもが体験したトラブルを題材にした授業ほど食いつきがいい。
現実に起こる問題を題材にした道徳授業には子どもがのめりこむ。
これは荒れていても同じである。

1.「三者間トラブル」授業で、トラブルを未然に防ぐ

図をみせて紹介する。小学校高学年以上でのあるあるの話。

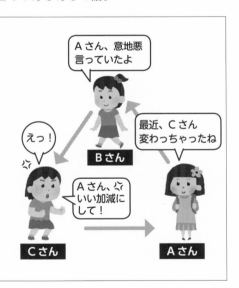

AさんとBさんがいます。
Aさんが言います。
「最近、Cさん変わっちゃったね」
しばらくして・・・
BさんとCさんだけの時に、Bさんが
「Aさん、意地悪言っていたよ」と
Cさんに言いました。
Cさんは、怒りました。
Cさんは、Aさんに会ったときに
「Aさん、いい加減にして！」と
怒りました。
AさんとCさんは喧嘩状態です。

この後に、

「最も悪いのは、誰ですか」と問う。

子どもの意見は、AさんとBさんに分かれる。それを討論する。
「Bさんが悪いです。なぜなら、意地悪じゃないのに、意地悪と言っているからです」「Aさんです。『Cさん変わっちゃったね』と言うから、そこから全てがはじ

まったからです」「いや、Bさんです。だって、『変わっちゃったね』は、そもそも悪口ではないからです」「いえ、Aさんです。『変わっちゃったね』と言ったことには、少し悪意があります」「いえ、Bさんです。仮にAさんに悪意があったとしても、Bさんでとめておいたらいいからです」

　このような感じになる。なお、討論中に、Cさんも確かめずに怒るのはおかしいというように変化する。そうなれば、この授業は半分成功である。関わる人全員が、大小ではあるが、落ち度があるのである。

2.「うわさするな。人の悪口言うな、戻ってくるよ」で落とす

> この授業の落としどころは、どの人にも落ち度がある。
> そして、悪いうわさをするとよいことが起こらない、ということだ。

　この事例、Bさんがいい人で、Cさんと仲良しだったらどうなるか。

　その時はBさんはいい気持ちがしない。「なんでそんなこと言うの？」とBさんとAさんの仲が悪くなる。BさんもAさんも嬉しくない。

　私は以下のように言っている。

「人の評価をする話や、人がよくないことの話をむやみやたらにすると、このような嫌な思いをすることがあります。

　もちろん、これを聞いても、どうしても人のうわさ話や悪口を言いたくなる人がいるかもしれません。

　でも、トラブルに巻き込まれる可能性があると思ってしてください。人から嫌われる可能性があると思ってしてくださいね。

　先生は、みんなが幸せになってほしいから、このことを事前に伝えておきますね」

　これはトラブル防止につながる授業である。

　トラブルが多い学年では、一度は伝えないといけない授業である。

対決構造を避けつつ、いじめを止める

学級が荒れると、そのひずみは最も弱いところに行く。多くは特別支援を必要とする子どもだ。荒れてしまった子どもたちに、正論はまともに入らない。対決構造を避けつつ、いじめを抑止しなければならない。

１．客観的に考えさせる。

　学級が荒れると、起こっているいじめについてストレートに話をしても、間違いなく子どもの耳には入らない。むしろ、余計に反発を招く。

　このような状況の中、対応する方法は、

> 客観的な事象からいじめを考えさせる。

ことだ。絵本の読み聞かせやパワーポイント等を使って授業を行う。

　絵本『わたしのいもうと』を筆頭に、いじめをテーマにした題材は多い。自分たちの世界とは違う世界で起こったことに対して、まずは、いじめは絶対にダメだということを共通認識させる。

　ただ、いじめがよくないということを伝えるだけでは、効果が薄い。

> それに付け加えて、世の中で起こっているいじめの加害者がその後、不幸な生活を余儀なくされていることを伝えなければならない。

　様々な情報がツイッター、youtube などのWEBを通して伝わる現在、いじめの加害者というのは、あっという間に特定されてしまい、そうなると、自分だけではなく、家族も不幸な生活を余儀なくされるということをしっかりと伝える。そのうえで、

> 先生はみんなをいじめの加害者にも被害者にもしたくない。

ということを、全員に伝えるのだ。

２．クラス全員に書かせる

　ここから後が、極めて大切である。

　このクラスから、いじめの加害者も被害者も出さないために、

　クラス全員に、ほんの少しでもいじめだと思うことを書かせるのだ。

　全員に書かせることで、周りからのプレッシャーがある。周りの子が書くかもしれないと思うと、加害児童も書かなければまずいという雰囲気になる。

３．加害者への対応

　子どもが書いた紙を集めた後は、その用紙をもとに対応を行う。

　まずは、加害児童に対する対応である。

　対応は複数の教師で、一人一人、分散させて集めて話を聞くことが鉄則である。さらに、その話した内容は、しっかりとメモして残しておく。

　その際、大切な視点は

　あなたを加害者にしたくない。

というメッセージをしっかりと伝えることだ。

　そのうえで、あなたの行動は「いじめ」であり、今後、続けていくと、本当に大変なことになる、というメッセージを送ることである。そのうえで

　今後同じことがあった場合は、学校全体で対応する。だから、絶対にやめて。

とくぎを刺す。その後、加害児童の保護者対応を行うことになる。

　その際に効果を発揮するのが、２で書かせた加害者本人の用紙である。

　この用紙があるからこそ、本人もいじめを認めているという認識のもと、保護者に話をすることができる。保護者に話をする際にも、このままだと加害児童になってしまい、大変なことになるということを伝える。加害児童にも保護者にも対決構造を避けつつ、対応をすることが大切だ。

真面目な子が得をするから
クラスがよくなる

子どもたちは「ちゃんとやってるのがばからしい」と思う時に荒れる。
だから、真面目にやっている子が得するシステムや指示を使おう。
例えば「がんばっているから、終わりね」である。

1．真面目な子が得をする指示「できている子から終わり」

> できている子から終わらせる

　これで頑張っている子、できている子が報われる。

　真面目にやっている子を得させるしくみだ。

　例えば、「掃除を真面目にやっている子から終わらせる」はとてもいい。「Aさん、とてもよくがんばっているから終わっていいよ。ありがとうね」というと、他の子はものすごくがんばるようになる。これはどのクラスでもそうなる。

　また、「帰る準備を机の上に置きなさい」と指示をする。

　その時に、「早くできている5班、早いね。ランドセルを取りに行きなさい」などと言うと、他の子どももてきぱきと動く。

　これはなぜか。真面目にやらないと損をするからだ。

　そして、真面目に指示を聞いている子が得をするシステムだからだ。

　こういうことをしていくと、子ども同士が「早くしようよ」と呼びかけあうようになる。

　それもまた褒める。

　ただ、ここで気をつけてほしいのは、最後の1人、最後の1班までこれをやってはいけないということである。

　最後の子が悲しむ。最後は半分ぐらい残して、「みんなよくやっているから終わりね。すばらしい」とすることが大事である。

２．使える場面

「掃除のできぐあい」「帰る用意が早い」以外で使える場面は以下だ。

> ① 図書室などに並んでいく時に、並びが上手な子までを先に行かせる。
>   （来たもの順に並ばせているので、それができる）
> ② 体育の片付けがとても一生懸命な子から終わらせる。
> ③ 次の時間の準備をさせる。準備が速い班から休み時間にする。
> ④ 「前にならえ」をさせて、とてもいい子から終わらせる。「ＡくんとＢさん、
>   きれいに前にならえができている。なおれ」とする。
> ⑤ 体育の時の行進指導。上手な列から終わらせる。

３．効果がありすぎるので、毎回は使わないように気をつける

効果抜群であるが、毎回毎回やってはいけない。

子どもがうっとうしくなっていくからだ。

> たまにするのはいい。だが、やらせすぎはよくない。

なぜか。

やらされ感が満載だし、そもそも、いつまでたっても真面目にやらない子は、最後になるからだ。

その子はただ、ふてくされるだけで終わる。

「そんなことは、その子が悪い」と思われるかもしれない。

だが、そういう子も大目に見てあげることが大事だ。

> 真面目にやっている子が損にならないように、適度に使うのが大事である。

効果のある指導は、時には毒になるのである。

だから留意して使ってほしい。

3 場面を見極めて、闘うときには闘おう

毅然と闘わねばならない時が必ずある。教師が声を荒げるわけではない。
「譲れない時には、譲れない」という姿勢を見せるということだ。

1. 「絶対に勝てる」部分で毅然と闘う

緩んできているクラスでは、指示通りにいかないことが多い。

大目に見ること、ある程度見逃すことも出てくる。

しかし、毅然と闘わねばならない時はある。

そのときは、こう闘う。以下の流れとなる。

---

①グレーな部分が生まれにくい譲れない部分を教師の中で絞る。

②譲れない部分を事前に全体に周知しておく。

③そのことについて、きっぱりと対応する。

グレーな部分が生まれにくいとは、例えば「赤白帽を忘れたら、安全面の観点から体育は見学です」などだ。

これは体育が好きなヤンチャに対してなら有効だ。（体育にやる気のない子の場合はこの条件は生きない）

学校にあるルールの中で、はっきりする場面でのみ闘う。

指導する子に限って、あれもこれも守っていない場合が多い。だから、あれもこれもと指導はしない。

一点突破で勝負をするのだ。焦点を絞ることで、教師は負けることがない。

毅然と闘って、もしも負けてしまうと、それは他の子からの信頼も大きく落とすことにつながる。

絶対に勝てる部分を見極め、まずは精選するとよい。

２．闘いの実際

　５年時にクラス荒らしの中心だった６年生の男子の事例。

　縦割り活動で１年生と遊ぶ活動をする初回の時、グループ名を決めるのを話し合っていた。そのときに、「○○○（悪いイメージの有名人）にしよー！　それでいいよなー！　ハイ決定―!!」と一人で大騒ぎ。１年生はポカンとしていた。同じグループの女子は、注意して標的が自分に飛び火するのがいやで、黙っていた。

　しばらくすると、私に状況を訴えてきた。

私「何かあったの？」（知らん感じで、普通のトーンで）

子ども「……」

私「説明してみて」

子ども「……」

　周りの子が状況を伝えてくれる。私は○○○のくだりを聞く。

　あれやこれやとめちゃくちゃ詰めたいが、ぐっと我慢する。

私「先生とマンツーマンで新グループを作るか。それとも、このグループで１年生のお手本のようになるか、どうする？」

> 長谷川氏から学んだ「選択権は譲っても、主導権は譲らない」ということを意識した。

　言葉のやり取りも大切だが、ノンバーバルな対応というか、目線や身体の向きもそらさず、教師の「譲らんぞ」という気配も重要だ。

　この子が５年生の時にクラスを荒らしていた中心というのは周知の事実。１年生は分かっていないが、女子たちは固唾をのんでいる。

　結局、彼は元のグループでそれらしくやることを選んだ。

　その場を取り繕って、後ほど指導という選択肢もあった。しかし、ここでうやむやにしていたら、同じグループだった周りの女子たちは、そっぽを向いていただろう。

　この場面では、私は勝てると確信していた。彼の場合、１年生の前で悪いところをみせないと感じていたからだ。

　闘いは勝たないといけない。穏やかに、そして、毅然として。

4 つるむ暇をなくさせる 「分断」を上手に使おう

ヤンチャ同士がつるむと、課題行動が倍々で増えていく。
だから、彼・彼女らが一緒に過ごす時間を極力減らす工夫が必要だ。
日常生活での分断は、生徒の心を安定させるカギである。

1．休み時間、楽しませてつるむ暇をなくす

知的な授業をすることで生徒の問題行動を抑制することが大前提だ。

その上で、問題行動抑制も大事なことである。ポイントは、

「分断」という意識より「楽しませる」という意識でいることだ。

その子の興味のある話を聴いたり、時には腕相撲や一発芸などといったプチイベントなどで惹きつけたりする。そして、問題行動を起こすスキを与えないことだ。他の生徒を巻き込んで行えたら、さらによい。

そのためには、

休み時間に職員室で休まず、教室やろうかで普段から多くの生徒とコミュニケーションをとり、信頼関係を築くことが大事だ。

信頼が高いと、多くの生徒を巻き込んで動かすことができるからだ。

生徒との会話で信頼をきづくために、話した内容をメモすることも大事だ。

次に話すときの話題にしたり、外部の試合や試験がある場合に、その結果を聞いて盛り上がったり、褒めたりする材料にもなるからだ。

それらが「自分を大切にしてくれている」という生徒の感覚につながる。

2．生徒指導時にこそ「分断」して対応

生徒指導事案が発生すると、ヤンチャどうしの援護射撃が発生する。

それを防がなければいけないので、そのいくつかの方法を紹介する。

（1）低刺激の指導

　高刺激な指導とは、教師の声が大きく言葉が過激だったり、表情が怒っていたりする指導、いわゆる「怒鳴る」「叱責する」である。

　それに対して、低刺激の指導とは逆のイメージだ。小さな声、もしくは、表情や仕草のみで声を発しない指導のことである。時間も短いほどよい。

　この低刺激の指導により、指導されていることが周囲に分かりづらいので、援護射撃が減る。また、ヤンチャはプライドが高いから、教師に従った姿を見せたくないので、指導されていることが周囲にバレない方が指導がうまくいく。

（2）指導場所を変える

　指導場所を変えれば、援護射撃もできない。

　そして、指導された生徒の自尊感情も傷つきにくい。

　誰にも見られていないので、より素直な反応もしやすくなる。

　授業中でも、必要ならば他の教員に応援を頼み、指導をお願いする。

　（あらかじめ他の教員の同意を得ておくことが望ましい）

（3）放課後の指導は、他の生徒を先に下校させてからにする

　援護射撃をしたいヤンチャは、学校内で指導が終わるのを待っている。もし、納得感がうすいまま指導した生徒を下校させるなら要注意。

　仲間と合流して、下校前に報復行動を起こしたり、帰り道に報告会が始まり愚痴を言い合ったりして帰宅する。

　その結果、次の日に問題行動が再発する。そのため、

　指導に関係ない生徒には下校指導を行い、門まで見送ろう。

　深刻な事象の場合は、必ず親に迎えに来てもらうようにして分断する。
（スマホがあり、家に帰った後にも報告会が始まるから同じではないか、という意見もあるが、指導直後に合流した報告会と帰宅してからの報告会とでは、後者の方がましである。時間がたった方が気持ちも落ち着き、記憶も薄れ、起こりうる事態も緩和されるからだ）

「テーマ作文」で　クラスの良さを広げよう

> よいことの発表をするとクラスは良くなる。できるなら、じっくりと考えさせ
> る必要がある。そのために、テーマ作文を書かせるといい。作文は学級通信に
> 載せたり教室に掲示したりすることで効果が倍増する。

１．クラスの良さについて、具体的に作文に書かせる

　子どもがクラスや自分の良さを発表するには、まず教師が率先して手本を見せ続
ける。毎日、毎時間、教師がクラスや子ども一人ひとりの努力や優しさ、成長を見
逃さず褒め続け、まわりに紹介する。

　その上で、子どもにもクラスや自分自身の良さについて考えさせる。

　いきなり発表させるのは難しいので、作文に書かせるのがおすすめだ。

　「クラスの良さ」「自分の良さ」のテーマをいきなり出しても難しくて書けない子
どもが出るので、具体的なテーマから書かせていく。授業で少し書かせておくと、
作文が苦手な子どもにも負担が少ない。

---

① 「最近、あいさつをがんばっている人」

② 「最近、掃除をがんばっている人」

③ 「遠足でやさしかった人」

④ 「〇年生になって、がんばっている人・優しくなった人」

⑤ 「隣の席の人のいいところ」

⑥ 「(自分の) 班のいいところ」

⑦ 「今日、がんばったこと」「今日、がんばった人」

⑧ 「友だちのいいところ」

⑨ 「運動会・学習発表会の練習をがんばっている人」

⑩ 「〇月・〇学期にがんばったこと・がんばっていた人」

　子どもががんばって書いた作文にコメントを書いて返却するだけでは、もったい
ない。

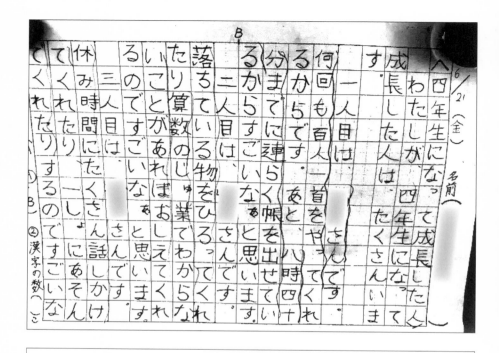

> ⑪作文の中で取りあげてもらった子どもにコメントを書かせる。
> ⑫授業や終わりの会などで、作文の内容を紹介する。
> ⑬学級通信に載せる。
> ⑭ 教室に掲示する。

　上の⑫で、作文の内容を紹介するとき、クイズ形式にすると楽しい。

　例えば「落ちている物をすぐに拾ってくれるのは？」「休み時間にたくさん話しかけてくれるのは？」「こんな優しい作文を書いてくれたのは？」と考えさせながら紹介することで、子どもには強く印象に残る。

遊びを制することで、学級を制する

小学校の教師なら、休み時間は子どもと遊ぼう。子どもは一緒に遊んでくれる教師が大好きだ。授業力が低くてもやってこれたのは、子どもと遊んできたからと言っても言い過ぎではない。

1. 休み時間は子どもと遊ぼう

若い間は全ての休み時間、子どもと遊べ！

初任者の時、先輩教師から言われたことである。その言葉通り、当時は毎日子どもと遊んだ。

初任者時代は毎日怒っていた。授業ももちろん、超がつくぐらい下手くそだった。理不尽極まりない学級経営をしていた。

しかし、子どもとよく遊んだし、若かったということもあり、学級が荒れるということはなかった。

子どもは一緒に遊んでくれる教師が大好きだ。だから今でも子どもと休み時間になると遊ぶ。

今は、若い時のように全ての休み時間を子どもと遊ぶことはできない。しかし、ロング休憩とお昼休みの最低2回は遊ぶようにしている。

小学校教師である限り、子どもと遊ぶということは、大切な仕事の一部である。

2. ドッジボールとけいどろが鉄板

休み時間、子どもと何をして遊ぶのか。休み時間の遊びで鉄板は「ドッジボール」と「けいどろ」である。

荒れた高学年でもドッジボールとけいどろは成り立つ。

しかし、盛り上げるためにはポイントがいくつかある。

そのポイントをおさえておけば、子どもたちはドッジボールとけいどろが大好きになる。

（1）ドッジボールを盛り上げるポイント

> ボールはフワフワのソフトバレーボール。ボールの数は３〜４球。女子ボール
> をつくる。コートチェンジを適宜いれる。

　ソフトバレーボールだと顔に当たっても大丈夫だ。そして、ボールの数を３〜４
球にすることで、ボールを使うのが苦手な子どもにもボールがまわる。

　女子ボールとは女子しか投げることができないボールのことだ。男子は受けるこ
とはできるが投げることはできない。

　ドッジボールは時間がたつと外野が増えてくる。ずっと外野にいる子どもは飽き
てくる。そうならないように、外野が増えてきた時点で、コートチェンジを行い、
全員を復活させるのだ。こうすることによって、子どもたちは飽きずにずっとドッ
ジボールに取り組むことができる。

（2）けいどろを盛り上げるポイント

> 鬼の数は全体の３分の１程度。タッチ１回で牢屋に行く。全員が捕まる前に仕
> 切りなおす。

　けいどろの一番重要なポイントは鬼の数である。逃げ切れそうで逃げ切れない、
少しずつ、捕まる人数が増えていく、でも、捕まった人を助けだすことができるぐ
らいの人数に鬼を設定しよう。

　経験上、全体の３分の１程度がちょうどよい。

　あとは、ドッジボールも同様に仕切り直しを適宜入れることが大切だ。

　早々に捕まってそのまま復活できない子どもは、待ち時間が長くなり飽きてくる。
全員が捕まらなくとも、仕切り直して２回戦へと移る方が、飽きる子どもも少なく
なる。

　ドッジボールもけいどろも、ちょっとしたポイントが大切だ。

　これを外すと盛り上がらなくなる。

　遊びを制するは、学級を制するだ。極めて重要なことである。

2 結果褒め、努力褒め、プラス存在褒めが大事

「結果褒め」は半分以上の子どもを褒められない。

「努力褒め」は９割以上の子どもを褒めることができる。「結果褒め」ばかりしていると、失敗を恐れて、努力しない、チャレンジしない子が出てくる。

1.「結果褒め」と「努力褒め」

「褒める」は大きく分けると２つある。「結果褒め」と「努力褒め」である。

「結果褒め」とは結果や成功したことを褒めることである。できたことが目に見えるので褒めやすい。しかし、「結果褒め」だけだと、子どもを褒める機会が半減してしまう。結果が出るまで褒めることができないからである。

「努力褒め」は、努力の過程を褒めるのである。やろうとしたこと、努力していることを褒める。できていなくても褒めることができる。

「努力褒め」が良いのは、ほとんどの子を褒めることができるからである。

「努力褒め」をすると、クラス全体の動きが一気に変わってくる。

2. しんどいときほど「努力褒め」

金曜日の６時間目に算数検定の過去問に学年で取り組むことになった。

金曜日の一番疲れている時間である。

この時、子どもたちにどんな声をかけるか。私は次のように進めた。

算数検定対策をします。いま、「えー」とかマイナス言葉を言わなかった人はすごい。

今から問題を配ります。もう筆箱を準備している人がいる。素晴らしい。

一番しんどい時間かもしれませんが、しんどいときに頑張る力をつけておくと、ピンチに強くなります。

「先生、がんばるわ」という子どもの声。

「がんばる」とプラス言葉を言った人、さすがです。

今から問題を配ります。さっと準備をしている人、ありがとう。プリントに名

　しんどい時間にもかかわらず全員集中して取り組めた。
「努力褒め」はたくさん褒めることができる。必然的に叱ることが少なくなるので、子どもとの対立構造ができにくくなる。したがって「努力褒め」は荒れを未然に防ぐ予防行動にもなる。

３．信頼関係を築く「存在褒め」

　「結果褒め」と「努力褒め」以外に「存在褒め」というのもある。「存在褒め」とは、その子の存在そのものを愛おしいと褒めることである。

　向山洋一氏の「その子がいる地面でも褒めようと思った」というフレーズが「存在褒め」に当たる。以下のようなものがある。

①出会えてうれしい。
②いてくれて、ありがとう。
③顔を見られただけでうれしい。
④学校に来てくれるだけでうれしい。
⑤一緒に〇〇できてうれしい。

　授業は全て教師と子どもとの信頼関係があってこそ成立する。
　信頼関係がない教師の指示に子どもたちは従わない。
　その大前提となるのが存在を認めるということである。
　教師の思いは話さないと子どもに伝わらない。折に触れて何度も子どもたちに伝えることが大切である。
　経験則だが、ヤンチャな子たちに何度も何度も裏切られても、「あなたがいてくれてうれしい」と言葉で伝えることによって、後々、ジワジワと効いてくるものである。

3 恥ずかしいからこそ、抱え込まず、すぐに相談しよう

学級で問題が起きると担任は恥ずかしいので抱え込む。
しかし、その結果、小さい問題が大問題になることがある。
恥ずかしくても先輩に伝えれば、問題を最小で終わらせることができる。

1．抱え込まない

「学級で起こる出来事の責任は担任にある」。そう思い、日々仕事をしている教師がほとんどであろう。

> しかし、抱え込んで全ての解決をするのは不可能だ。

数年前、荒れた6年生を担任した。荒れの中心は女子であった。

体育の着替えで心配ごとがたくさんあった。

だが、女子の着替えに私はつくことができない。だから、お願いして、手の空いている女性の先生に着替えに毎回ついてもらった。この時、1人で抱え込み何とかしようとしたら、間違いなくトラブルが起きていた。

また、荒れの中心女子で1名、学級の流れについていきにくくなった子どもがいた。

家庭環境が複雑で、学校に来ない日が続くような子どもだった。

荒れていた時は、そのような状態でも学級に居場所があったようだが、荒れがおさまり、一緒に荒らしていた子どもたちが頑張り始めると、学級に居場所がなくなってきた。

友だち関係でのトラブルも増え、よりいっそう学校に来にくくなった。

担任の私も、なかなか関係作りが上手くいかなかった。

そこで、その子どもへの対応は、前年度からその子どもと関係ができていた生活指導主任の先生（女性の先生で、すごく力のある方）にお願いした。

長期目標と短期目標を考え、対応と役割分担を細かく決めた。

そして、実際にたくさん対応していただいた。

私は細く長く関わるように意識し、なるべく関係を壊さないようにつとめ、その先生に深く関わってもらうようにした。

　その子どもが2回ほど学級を飛び出した時、対応に入っていただいた。

　家庭訪問などの事後処理は私が行うが、直接的な対応は、その先生にお任せした。ありがたかった。

　これも、私1人で抱え込んでいたら、その子どもとの関係がより悪くなっただけでなく、学級全体も落ちていったはずである。

自分1人の力なんて本当にちっぽけである。ほかの人の力を借りよう。

2．恥ずかしいから伝える

　近年は問題が起きて、たとえ自分一人で解決できることでも、生活指導主任の先生や管理職に必ず伝えるようにしている。

「こんな対応を取るつもりです」と自分が行おうと思っていることを伝える。問題なければGOサインが出るし、対応に不備があればアドバイスがもらえる。

　そして、対応を修正する。

　さらに、対応後、結果を再度、生活指導主任と管理職に報告する。

　こうすることで、管理職とも信頼関係が構築できる。

恥ずかしいからこそ、起きた問題と、その後、自分がどう対応するかを具体的に伝える。
そうすることで、実は自分が一番安心できる。

　恥ずかしいから隠すのではなく、恥ずかしいから伝えることで、様々ないいことがあるのだ。

　何もかも自分でやろうとすると大変だ。また、おごりがうまれる。気をつけよう。

4 人と比べず、自分の機嫌をとろう

「自分の機嫌を自分でとる」「人と比べない」「最低最悪をイメージしつつ最高のゴールをイメージする」。荒れと戦う中、私は様々な方法でメンタルを保ってきた。荒れとの戦いはまさにメンタル勝負である。

1．自分の機嫌をとる

荒れた環境でこそ、自分の気持ちを整えていかないといけない。

> 一番大切なことは、自分の機嫌を自分で定期的にとる。

である。現状がいくら辛くても、残念ながら誰も代わってくれない。
「早く帰って好きなものを食べて早く寝る」「冗談を言いまくる」「セミナーに参加する」「マッサージに行く」。とにかく好きなことをして、自分を明るく保つことがとてつもなく大切だ。

2．他のクラスと比べない

比べないこともすごく大切だ。辛くなると、他学級が羨ましくなり、

> 隣のクラスはうまくいっているのに、なんで自分だけこんな辛い目にあわんとあかんのか。

と思ってしまう。比べれば比べるほど辛くなる。

> 今現在こんな状態なんやから、まあしゃ〜ない！！

と開き直ることが大切だ。
そして、現状把握を行い、対策を立てて行動する。その方がよっぽど精神衛生上、よい。

3．最低、最悪をイメージするが、でも最後は勝つ！

自分の機嫌を自分でとり、人と比べないで開き直ろう。

> ただし、『3月最後の日まで子どもたちの前に立ち続ける』という覚悟だけは
> 持ち続けることも大切だ。

> 現状を見て、予測できる最低、最悪の出来事を考えておくこと。
> その上で対策も考えておくこと。

そして、

> 3月の最後は必ず良くなっている‼

という強い強い信念を持ち続けることが大切である。

荒れと戦っていた年、「ストックデールの逆説」を学んだ。ベトナム戦争の時に捕虜となったアメリカ軍中将ストックデール氏の話をもとにジム・コリンズが導き出した説だ。最低をイメージしておくから子どもの悪行に動じなくなる。そして、「良くなる！」という希望を持ち続けるから、腐らずに続けることができるというものだ。

大丈夫、あなたなら乗り越えられる。

そして、乗り越えた後には大きな成長が待っている‼

4．言葉の力に頼る

> 全ては自分を成長させてくれるための磨き砂だから、起きること全てに感謝す
> ればいい。

TOSS中学代表の長谷川博之氏から教えていただいた言葉だ。最後の最後は、こういった言葉に頼る。めっちゃきつい時、「これも全部磨き砂‼　自分を信じて！」と、何度も何度もつぶやいた。辛い時、かならず自分を鼓舞してくれる言葉に出会う。それを声に出すことも大切である。

1 雨の日グッズを真剣に考えると、トラブルが減る

トランプ、ウノ、将棋などの雨の日グッズの準備をしよう。それぞれ３つ以上。
雨の日の休み時間をもてあますことがなくなる。
追いかけっこやたたきあいなどが激減する。そして何より楽しむ姿がみられる。

1．休み時間の空白をなくし、トラブルを減らす

　休み時間にやることがないと、荒れている学級の場合、ちょっかいの出し合いになる。悪口を言い合う。そしてケンカになる。

　なにもすることがないから、人をおちょくって楽しむのだ。

　それを防ぐのが雨の日グッズだ。

> いろいろなものを用意する。なるべくわかりやすく、簡単なものがいい。

　将棋は、動物将棋を用意した。高かったが、ルールがわかりやすくていい。それでトラブルがなくなると思えば安いものだ。何年間も使うことができるから購入をお勧めする。動物将棋は、小３つ。中１つ。大１つのサイズを用意した。

> たくさん用意して、取り合いにならないようにするのもポイントだ。

　毎時間同じ人は使えないようにするなどの工夫も教師が作ることが大切である。しかし、雨の日グッズをたくさん買えば、その問題は解決する。

2．私の雨の日グッズ

①トランプ　②ウノ　③動物将棋　③ジェンガ　④４ならべゲーム

⑤おもちゃのバスケットゲーム（両手ぐらいの大きさ）
⑥漫画（図書館においてあるもの）　⑦ふれあい囲碁　⑧百人一首
⑨ゆらゆらタワー　⑩ 100 均グッズいろいろ

100 均で多く購入した。よくわからないゲームを買ったこともあるが、とにかく買い集め、うまくいったものを長く使用している。

お勧めのゲームの基本は、席に座って、楽しむことができるゲームだ。

なぜか。トラブルが起こりにくいからだ。
　ゲームは、写真のようにかごの中に入れておき、自由に使うようにさせている。たまになくなるが、あまり気にしない。

3.6割に効果あれば十分、他の手立てを組み合わせよう

　ヤンチャな子でゲームをやらない子がいるかもしれない。しかしそれでもいい。この手立てで全員を巻き込む必要はない。やりたい子がやればよい。

少なくとも半分以上の子がこれで楽しみ、教室の自分の席で遊びに楽しめば大成功である。

　それだけで教室の通路での混雑が減る。落ち着いた空気で楽しむ雰囲気が生まれる。教室内でのトラブルが減る。それで十分である。
　荒れている子は、もしかして違うところで何かをしているかもしれないが、教師が教室の自分の席でゲームを楽しむ子どもの様子をみることが可能となる。いいことだらけだ。

2 百人一首はしっかりと聞く力も つけられる

ゲームを通して「聞くと得をする体験」を与えられる五色百人一首。
百人一首を覚えさせるのが目的ではない。聞く習慣を作るためである。
学級経営に必須のアイテムである。

1．導入は指導者用手引書の通りに

五色百人一首を購入すると、「指導者用手引書」
がついてくる。まずはその通りに導入するとよい。

百人一首をやったことがなくても、導入できる
ように構成されている。

12あるステップの中で、「聞くと得をする」エッ
センスが散りばめられている。

その中で、

> 「声を出した人は、お手つきとして
> 1枚札を出してもらいます」

という指示がある。これでピタッと静かになる。

次の1枚を読む時に声を出した子どもがいたら、実際にお手つきを取る。「○○君、
声を出しているのでお手つきです」

これでさらに静かになり、真剣に聞く環境が生まれる。

2．手引書には載っていない必要な微細配慮

導入には微細な配慮も必要である。大きく3つある。

1つ目は、一番最初に「お手つき」を指摘する子どもを選ぶことである。

最初のお手つきを取る場合、ヤンチャ君を指名するのが、もちろん最も効果的で
ある。

しかし、お手つきを指摘することで、投げ出してしまったり教室を飛び出してし

まったりする子どももいる。

　そのため、そういうことにならないヤンチャ君は誰かを見極めておく。

　その上で最初のお手つきの子どもを教師が「選ぶ」方がよい。飛び出すようなヤンチャ君には、他の子が最初にお手つきを指摘されている姿を見せることで、暗にルールを定着させることができる。また、お手つきをしなくなったヤンチャ君が、もしもお手つきをしても投げ出さなかった場合、褒めることもできる。ルールの定着を指導しながら、その子との関係を作れる。

　2つ目は、叫ぶようにお手つきを指摘しないことである。語気を強めて指摘してはいけない。淡々と、しかし毅然とした言い方で指摘する方が、むしろ効果的だと実感している。淡々と毅然と冷静にジャッジしている姿を見せることは、中間層の信頼にもつながる。

　3つ目は、読み方の変化をつけることである。最初はリズムに沿って読む。下の句は3回読む。取ることに慣れてきたら、下の句も1回でよい。次に、上の句と下の句の間をあけて読むようにする。そうすれば、覚えている子が有利になり、さらに読み方を進化させることもできる。

> 下の句と次の札の上の句の五文字をセットにして読むようにする。

　例えば、以下の2枚を読むとする。
「足曳の　山鳥の尾の　しだり尾の　長々し夜を　独りかも寝む」
「有明の　つれなく見えし　別れより　暁ばかり　憂きものはなし」
「独りかも寝む」と「有明の」の間をあけず、「独りかも寝む　有明の〜」というように読み、少し間を取る。これで、さらに覚えてきている子が得をし、よく聞いている子が得をするようになりやすい。

3．いつやるといいか

　荒れている場合、できれば毎日取り組みたい。子どもたちの生活にもリズムができるし、教師としても安定した時間を毎日生み出すことができるからだ。朝や国語の時間にするなど、行う時間を固定するとよい。

3 じわりじわりと効く学級文庫

効果のある学級文庫を置くことで、間接的にソーシャルスキルを学ばせるきっかけを作れる。軽んじてはいけない。
じわりじわりと効いてくる。

1．価値ある投資。学級文庫の充実

価値ある学級文庫を置くこと。

教師が下手に語るよりも、子どもたちに良い習慣が入る。

特に荒れている場合は、子どもたちに教師の声が響きにくいことが多い。

いい話はどこかむずがゆく、反発されてしまうこともある。

しかし、本から得た情報の良さは、

> 説教くさくならないし、恩着せがましくならない。

教師が言う言葉にはあまのじゃくのような反応をする子でも、子どもが自ら興味を持って手に取った本であれば、内容が客観的に入る。

私は十冊ほど準備をしている。無理せず少しずつ増やしていくとよい。

即効性は低い。しかし、内容はじわりじわりと入る。

本から得たことと教師の話がリンクしていると、内部情報が先にあるので、より理解しやすくなるのだろうと感じている。

2．おすすめ本。ソーシャルスキル系

> ① 齋藤孝のガツンと一発シリーズ　（齋藤孝　PHP出版）
> 「カッコよく生きてみないか！」
> 「そんな友だちなら、いなくたっていいじゃないか！」
> 「心をきたえる痛快！言いわけ禁止塾」　など
> ② 学校では教えてくれない大切なことシリーズ　（旺文社）

「整理整頓」「ステキになりたい」

「カッコよくなりたい」

「時間の使い方」「自信の育て方」

「発表がうまくなる」

「友だち関係（自分と仲よく・気持ちの伝え方・考え方のちがい）」

「ルールとマナー」　など

③ 齋藤孝の「負けない！」シリーズ　（齋藤孝　いぢちひろゆき　PHP出版）

「友だちってひつようなの？」

「カッコイイってどういうこと？」

④ イラスト版　気持ちの伝え方　（高取しづか　合同出版）

⑤ わたしが正義について語るなら　（やなせたかし　ポプラ社）

⑥光とともに…〜自閉症児を抱えて〜　1〜15巻　（戸部けいこ 秋田書店）

⑦我が指のオーケストラ　（山本おさむ　秋田書店）

齋藤孝氏の著書は外れが少ない。

「学校では教えてくれないシリーズ」はカラーであり、絵が多くある。

どの本も子ども向けに書かれており、読みやすい内容になっている。

　後は、先生がこの本は大事だな、わかりやすいなあと思う本を学級文庫に入れるといい。ただ、選ぶ本のポイントとしては「読みやすい」「イラストが多い」は、大事なチェックポイントである。そうでないと、子どもがなかなか読まないから。

3．ごくたまに、蔵書の紹介をする

　置いているだけでは手に取らないことがある。

「学級文庫にこんな本があるよ」とサラッと紹介しておくことも大切である。本の存在に気づいていない場合があるからだ。しかし、あまり紹介しすぎるのは逆効果である。

　あくまでも、サラッと言うのにとどめておくようにする。

　また、読んでいる子とその本を話題にするのも、暗に周りに紹介することにつながる。このようにさりげなく広げていくことをおすすめする。

「算数難問」で、子どもも保護者も大満足する

『算数難問』は印刷して配るだけで、あっという間に子どもを算数の虜にする。授業参観や夏休みなどの長期休暇の課題にもおすすめだ。

1．教室が大熱狂する難問1問選択システム

難問5問から1問を選んで解かせる向山型算数は、クラスの大変な子どもほど熱中する。

勉強が得意な子が間違えて、苦手な子が解ける「逆転現象」も生まれる。問題用紙を配るだけで、教室が大熱狂する。

下の図は、難問プリントの簡単な構成である。

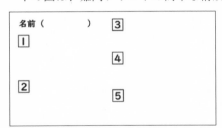

見開き2ページ（B4）に5問ある。そのまま印刷して教室で使えるようになっている。計算や図形や文章題など多様な問題がある。

問題の難易度は難し過ぎない、がんばれば1問くらいはなんとか解けるレベルなのが、子どもが熱中する秘訣の1つだ。

『算数難問』が、2021年、大幅リニューアルして学芸みらい社から出版された。

新学習指導要領に対応した「デジタル時代の新難問」が学年別に加わった。ぜひ活用していただきたい。

さらに、「論理的思考力を鍛える問題」「プログラミング的思考問題」「データの読解力問題」「読解力を鍛える問題」もある。

2．「難問」のおすすめの使い方3

子どもが大熱狂する「難問」ならではの気をつけることがある。

「難問」をさせると、子どもは非常に集中する。

「難問」の次に別の課題をやるように指示しても、なかなか「難問」に取り組むのをやめようとしない子どもが必ず出る。それほど「難問」はおもしろい。

だから、

「難問」は、授業時間の後半以降にする。

授業時間の後半以降に「難問」をさせると、授業終了のチャイムが鳴って休み時間になっても「難問」に取り組み続ける子どもが出る。家で続きをやる子どもも出る。「休み時間も勉強をがんばってるね！」「家でやってきたの⁉ すごい」などと、子どもを褒めたり、保護者に頑張りを伝えたりできる。

また、

「難問」は、授業参観にもおすすめだ。

保護者にとって、自分の子どもが熱中して勉強する姿を見られるのは嬉しい。授業後の学級懇談会でも「うちの子どもがあんなに熱中して算数の授業を受けているのを見たのは初めてです」と話題に出るほどだ。

「難問」を多めに印刷して廊下に置いておくと、保護者にも熱中して難問に取り組んでもらえる。「保護者に恥をかかせられない」と思ったら、解答プリントを印刷して置いておく。

また、保護者から「夏休みの宿題の内容が簡単すぎる」と言われたことがある。そこで、「難問」を解答もつけて冬休みの課題に出した。子どもにも保護者にもとても喜んでもらえた。

「難問」は、夏休みや冬休みの課題にもおすすめだ。

2020 年度、コロナで臨時休校になったときの課題にも出した。

漢字や計算の練習ページはやってこなかったヤンチャが、「難問」のページだけはやってきた。「難問」の魅力はすごい。

1 良質なシステムで 「ズル」と「忘れ」を防止する

休み時間を早くとりたいがために、給食の「ごちそうさまでした」を廊下に向かって走りながら言う子はいないだろうか。放っておくと、どんどん適当になり、荒れていく。しかし、これはシステムで簡単に防げる。

1．「『はい』と言ってから動いていい」を使う。

2つの手立てが必要だ。

1つ目は、「ごちそうさまでした」と言った後に、

> 先生や当番が「はい」というまで、動いてはいけない。

というルールを作ることだ。

この時の趣意説明はこうだ。

「『適当に『ごちそうさまでした』をする人がいます。歩きながら言うとかです。それは感謝をもって言う『ごちそうさまでした』ではありません。また、すぐに休み時間に行って、自分だけ抜けがけみたいな感じになるのでよくありません。ですから、これからは『ごちそうさまでした』の後に、先生が、しっかりと言えていたら『はい』と言います。その後に、動くルールにしたいと思います。いいですか？」

これにより、適当に「ごちそうさまでした」を言う子がいなくなる。もし、適当にしていたら、やり直しをすればいいのである。

2．混雑を防ぐシステムと、さぼりを防ぐシステムを作る

2つ目は、

> 当番でない子は、給食当番が片づけるまで教室を出ないようにする。

ということだ。このルールによって、給食当番でない子と当番がぶつかることがなくなる。

また、当番の子が当番の仕事を忘れたり、意図的に当番の仕事をせずに外に出て勝手に遊ぶことを防いだりすることができる。

　これはどういう意図かというと、普通に「ごちそうさまでした」と言って給食当番でない子も行かせたら、当番が出発をするときに、「あっ、Ａくんがいない。もう遊びに行った」となってしまい、後の祭りである。しかし、このシステムにしておくと、当番が行く時に、「あれ、いないなあ。あっ、Ａくん忘れているよ」と言うことができる。

3．システムで荒れを防げる。知るか、知らないかの問題

　初任のころは、このようなシステムを知らなかったので、大変苦労した。

> なお、当番忘れを防ぐ手立てとしての「ごちそうさまでした」をする時、当番をその食器の前に並ばせている。
> そして、「ごちそうさまでした」を全員で言う前に、「食器」『はい』「ごはん」『はい』と返事をさせて、当番の仕事を確認している。

　細かいことだが、こういうことを当たり前にやっていることで、トラブルが起こらない。いや、起こりようがないのだ。

　こういうことは知っておくだけで、無用な叱責を減らすことができて、給食時の注意を減らしていくことができる。

　そして、このことが、子どものストレスを減らすことにつながる。

2 ボール対策を考えることで トラブル激減

ボールでのトラブルはよくある。小学校のあるあるだ。
それはシステムでかなり改善できる。
また、深く考えていくことで同じトラブルを起こさなくて済むので、真剣に考えよう。

1．ボールトラブルは、しっかりと対応法を考えよう。

私がよく使う方法をお伝えする。

事例①ボールのとりあいでトラブルになる。

　　　→同時の時は、じゃんけん。

　　　→連続でボールを使うことはできないようにする。

　　　→ボールを増やす。（個人で買うのもあり得る）

事例②ボールをきちんと返さなくて困る。

　　　→ボールを借りた人が黒板に名前を書くシステムを作る。

　　　そして、書いた人が返すようなシステムを作る。

事例③ボールがどこかの屋根の上にのった。

　　　→やった人が先生に言う。

　　　→不可抗力の場合は、全員で先生に言いに来るようにする。

　　　言いに来なければ「しばらくボールは使えません」と伝える。

　　　1回目が起こってからの指導でいい。

事例④ボールを所定の場所に置かない。

　　　（本当は教室に置くはずなのに、下駄箱に勝手に置くなど）

→全体で確認する。「勝手にルールを変えていいのか」と。

またそういうことがあれば、何日間かボールを使えないと伝える。

事例⑤ボールを使ったゲームでトラブルが起こる。

（例、ドッジボールでいつも同じ人が投げて楽しくない）

→そうならないルールを子どもに考えさせる。

もし次にしたら、どうするかを決めさせる。

（例、２日間はボールを使うのをなしにするなど）

2．指導は、タイミングが大事。

事例を５つ出した。これをどのタイミングで言うかは、極めて大事である。

教師から毎回、一方的に言われると、子どもは不満を持つ。正しいことであってもだ。

「こういうことが起こったらこうするよ」と、全てのことを先回りして言われるのも、なんか嫌な気持ちになるものだ。

こういう対応策は、問題があってみんなが困っている状態の時に、教師が解決案の一つとして出すのが最もいい。

ということだ。

3．ちょっとお笑い対応をするのも、時にはいい

ボールでトラブルになった時に、私はよくやる。

「そうか、この問題はこのボールのせいやな。これは『おしりぺんぺんや』きびしく、たたいておくわ。それとこのボールを永久追放すれば、もう問題は起こらんな」とか言って、ボールのせいにすると、子どもはくすりと笑う。そして「待って」となる。

この後は新しいルールを自分たちで考えるようにさせる。子どもに対応策を考えさせることは大事なことだ。それによって当事者意識も持てるようになる。

3 子どもたちと相談して決めたルールは守られる

子どもと相談をして決めたルールなら、子どもはきちんと守る。
自分が決めたことだからだ。これを破るなら「嘘つき、約束破りの烙印」がおされる。
ヤンチャくんが起こすトラブルには、この方法で対応しよう。

1．何回も起こるトラブルには、当事者でルールを決める

ドッジボールで「当たった、当たらなかった」でのトラブル。

鬼ごっこの「タッチした、しなかった」でのトラブル。

> 同じような理由で2，3回トラブルがあるならば、トラブルがあった後に、
> 当事者の子どもと一緒にルールを決めていく。

このルールを作る時、教師はまとめ役に徹する。決して、おしつけない。そのルールを決めることによって、「双方、今後同じことが起こらずにすみ、嫌な思いをしない」という目的を確認して、決めていく。

きちんと紙に書く。そして子どもに「これでいい？」と念押しをする。

また、失敗したらどうするかも決めておくといい。「1日そのゲームに参加できない」などのルールを子どもたちから出してくる。

2．ルール作りの仕方

鬼ごっこで「タッチした、していない」のトラブルがよく起こった。

「微妙な場合は、じゃんけんをして決める」などと教師が決める場合があってもいいが、子どもに決めさせる時もある。やり方を紹介する。

> ① まず、双方の話をじっくりときく。
> ② 自分のよくなかったところを確認する。
> ③ そのことについて謝れるかをきく。
> ④ お互いに謝らせる。先に手を出したほうに、さらにもう一度謝らせる、など

はあってもいい。

※ここまでは、喧嘩の仲裁の仕方である。

⑤ また、同じことで喧嘩は起きるかもしれないかと問う。

　（他の子も今後同じようなことでトラブルがあるかもしれないから聞く。

　今後起こらないためにルールを決めておくかを確認する）

⑥ ルールを決めると確認したら、どうしたらいいか意見を出させる。

　例えば「微妙なときは、じゃんけんをする」と言ったとする。

　私は、「じゃあ、それでもめたらどうする？」とつっこむ。子どもは「３日間鬼ごっこ禁止」などという。私は、「本当にそんなに厳しくするの？」と問う。子どもたちが「うん」と言ったら、終わりである。

⑦決まったことを紙に書く。

⑧紙に書いたことを読み上げる。「これでいいですか」と確認をする。

以上である。

このような手順でルールを決めていく。

これでもしやぶったら、約束通り鬼ごっこ禁止となる。

自分たちで決めたことなので、子どもは守る。

3．ルールを決めるのが面倒なので、ゆずる場面も出てくる

　だいたいトラブルを起こす子どもは決まってくる。

　この対応を何回かしていくと、トラブルが起こると休み時間にこういう話で長く時間を取るのがいやだなあと思う子どもが出てくる。

　そうなると、多少のことがあっても「まあ、いいか」や「まあ、ちょっとぐらい許してやるか」となって、ゆずって、トラブルが減ることもある。

　それはそれで大事なことであるので、その子を褒めていけばいい。「きちんと約束を守って偉いね」と。

4 抜かさせない工夫、待たせない工夫を行おう

何かを先生に持ってくる時のトラブルがある。1つは、順番抜かし。もう1つは、丸つけをするまでの待ち時間がありすぎて子ども同士でのちょっかいのかけあいだ。この2つはシステムで防げる。

1. 一方通行システムで順番抜かしを減らす

荒れているなら、丸つけでもってこさせる時に、順番抜かしをする子どもは多く出るが、それを防ぐ方法がある。1つ目は、

通路を一方通行にすること

である。図のようにする。

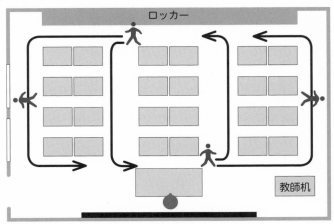

2. やり直しの予告と実行を行うと、さらに機能する

ある年、43人をもった。このクラスはその前の年、荒れていた。だから、初期はとくによくケンカが起こった。

一方通行システムを導入した。すると、その前よりもかなり順番抜かしを減らす

ことができた。しかし、走って少しでも先に行こうとする子どもがいた。また、わざと友だちにぶつかる子どももいた。

> 走ってきた子、友だちとやたらとぶつかる子は、自分の席からのやり直しなどをたまにさせた。それをしないと、いつまでたっても直さないからだ。

しかし、予告してからやらないと反発をくらうこともある。
「次から走った子や何度もぶつかった子がいたら、自分の席からのやり直しにしますね。そうでないと、走るやぶつかるの連鎖が生まれてけが人がでるし、嫌な思いをするからね。みんなが嫌な思いをしないためにやります。何か質問ある人」と言って行く。
　大事なポイントは、「予告」と「次から」である。

３．丸つけをするときに、子どもを３人以上並ばせない工夫

　なるべく列を作らずに、待たせないことが大事だ。
　待たせると、そこで子ども同士のトラブルが起こる。
　長い列には「学級崩壊の亡霊が出る」と先輩に言われたことがあった。
　私が考えた列を作らせない工夫はいくつもある。

> 　１つ目は、席で本読みなどをさせておき、班ごとに呼んで丸つけをさせるである。
> 　２つ目は、「５問中３問目ができたら持ってきなさい」とする。そうすると持ってくる時間差ができる。列になりにくい。さらに、その時の丸つけは間違いやすい３番目だけを丸つけする。（後でほかの問題は全員で答え合わせをする）
> 　３つ目は、なるべく早く丸つけを教師がすることだ。漢字スキルなどができた時に持ってこさせて丸つけをするが、特に大きな丸をつける。

　このように、列ができない工夫を教師は講じよう。

教科の配置で
子どもの状態をよくしよう

月曜の１時間目、子どもは連休明けでしっかりと体が起きていない。
その時に子どもに優しい教科を選ぶことで、子どもは無用なストレスから解放
されてトラブルも減る。時間割を真剣に考えよう。

１．１時間目に何をもってくるかで勝負は決まる

　月曜日の１時間目から算数はよくない。子どもはまだ眠っているような状態だ。

　最も集中力を要する授業はふさわしくない。どうしても教師の注意が増えてしまう。荒れている子どもたちならば、よけいに動きが悪い。そこで注意が増える。さらにクラスは悪くなっていく。悪循環だ。

　これは、算数を１時間目に設定するから悪い。

　こういうのを「システムで学級を悪くする」と私は呼ぶ。

　１時間目が学級会ならばどうか。少しゲームをしてから、創作活動の係活動をさせれば、子どもたちは楽しく、のってくるだろう。

　月曜日の１時間目は生活の状態を取り戻す意味もあるので、あまりガッとさせる教科はしない。子どもに優しくない。私はできるならば、学級会がいいと思っている。無理ならば、道徳か社会か国語。

> 時間割システムで、学級が荒れたりも良くなったりもする。
> 心して考える必要がある。

２．時間割、具体例

　私のある年のクラスの時間割である。

　教務部から、元から決められている教科（体育など）もあり、自由に決められないところもある。その上で、下記のような配慮をしていった。

> 月曜日の１時間目は道徳の時間にして、初めに簡単なゲームをするなどしてい

る。絶対にこれを習得させねばいけないという教科ではないので、子どもも少し気を楽にして授業を受けることができる。

火曜日は、本校では朝会がある。ゆえに、ここを学級会にしている。

水曜日は、本当は、１時間目の算数と２時間目の国語は変えたい。また、木曜日の５時間目の社会と６時間目の体育も変えたいところである。しかし、元から決められていて、どうしようもなかった。

４月が勝負の時間割決め。忙しい時だが、家に持ち帰ってでも、じっくりと決めなければならないほど重要なことである。

時間割は本当に重要だ。これによって、１年間の子どもたちへの指導の多い少ないが変わってくるからだ。

１時間目が楽なほうが子どもへの指導が少なくていい。子どもも幸せになる。

朝、学校へ行くとき、「今日の１時間目はなにかなあ」「あっ、道徳かあ」「あっ、学級会かあ」と思うだけで、子どもの心は軽い。

これが国語や算数ならば、「あっ、国語かあ」と、ちょっと緊張するのではないだろうか。

	月曜日	火曜日	水曜日	木曜日	金曜日
1	道徳	学活	算数	図書	理科
2	社会	学体	国語	理科	算数
25分休み					
3	算数	国語	体育(外)	国語	図工
4	音楽	算数	理科	算数	図工／社
給食					
昼休み					
掃除					
15分授業	英語	総合	英語	英語	英語
5	国語	英語	国語	社会	音楽
6	総合	国語		体育(中)	総合 (クラブ)

1 絶対に担任を超えない

荒れの兆候が見え始めたクラスに対して、絶対にやってはいけないことがある。
それは、担任を超えて指示を出したり、注意をしたりすることである。
その瞬間、加速度的に荒れが進行する。

1．荒れの兆候に気づける学校システムが大切

通常、荒れの兆候に対して気づくことができる学校は少ない。

多くの場合、かなり荒れきってしまい、問題行動が頻発するようになってから対応することが多い。

そうならないために

> 普段から、当たり前にクラスを行き来するような体制を作っておく

ことが大切である。

しかし、他のクラスへ何の理由もなく、いきなり入って見学をするというのは、なかなか気がひけるものである。

そうならないために、学年間あるいは学校全体で、いつでも教室に入って授業を見てもいいという決まり事を作っておくことが望ましい。できることなら文章化して、年度当初に提案しておくとよい。※1

そのようにして、担任（授業者）以外が、当たり前に授業を見に来る雰囲気を作っておく。そうしないと、荒れだしてから担任ではない教師が来るような形になる。そうなると、子どもたちはいろいろと勘繰る。そして、子どもたちと教師の関係を戻すことがとても難しくなるのだ。

荒れの兆候を見つけ、すぐに発見できるようにするためにも、授業見学が当たり前という雰囲気を作っておくことが極めて大切である。

2．担任を超えない

荒れの兆候が見え始めた段階であれば、まだまだ巻き返しは可能である。

多くの場合、一部の問題行動を起こす児童に中間層の児童が引きずりこまれている状態である。この段階であれば、中間層にいる児童を大切に扱い、問題行動を起こしている児童を少なくしていくことにより、荒れを鎮静化することができる。

その際、最も大切なことは、担任と子どもとの関係を悪くしないということである。ここが悪くなってしまうと、中間層が崩れてしまい、巻き返しは一気に困難になる。

そういった観点で、絶対にやってはいけないことが、

> 担任（授業者）の授業中に、指示を出したり注意をしたりする

ことである。これをやった瞬間に、子どもたちの担任を見る目が一気に変わる。「この先生は1人ではどうしようもないのだ。安心して授業をさせていられないから入り込みがあるのだ」と考えるようになる。

だから、この段階では、あくまでも個別にフォローや支援を行う。場合によっては、こっそりと、できている子、頑張っている子を褒めるなどの支援に終始するようにすることが大切である。

３．担任と子どもをつなぐ。

担任の先生がいないときに、その担任の先生の頑張りを子どもたちに話すことも大切である。

休み時間に一緒に遊んで、そこに担任の先生に意図的に参加してもらうなどの方法もある。

とにかく、あらゆる方法で子どもと担任の関係をつなぐことが、荒れを食い止めるために大切なのである。行う支援が担任と子どもとをつなぐことになるか、もしくは逆効果なのかを重々考え、取り組まなければいけない。

※１ 年度当初に提案する「荒れの対応別チャート」［第５章⑤（P.141 〜 P.142）］参照

学校としての判断を伝え、 方向性を出す

> 学級が荒れてくると、間違いなく担任と保護者の関係は悪くなる。
> できるだけ早く保護者対応を一緒に行う体制を整え、できれば保護者と協力関係を作ることが大切である。

1．できるだけ早く保護者対応に加わる

　学級が荒れてくると、当然、保護者対応はうまくいかなくなる。それは、荒れていない子どもにも波及する。たとえ担任との関係が悪くない子どもがいたとしても、保護者間でラインやメールで悪口が飛び交うようになると、保護者が家で子どもに担任の悪口を言う。すると、子どもと担任との関係も悪くなる。こんな負の連鎖、悪循環が起こるのだ。この流れをできるだけ早く断ち切らなければならない。

　学校としてできる一番の対応策は

保護者対応を一緒に行う。

ということにつきる。

　介入の仕方は、荒れの状況具合にもよる。例えば、すでに一部の授業を担任に代わって行っていたり、常に入り込んで担任と一緒に子どもを指導していたりするような段階であれば、完全に対応を代わり、担任の代わりに窓口になるということもありえる。

　一方、介入の仕方がまだそこまでには至っていない場合でも、担任と一緒に対応をした方がよい。家庭訪問、個人懇談の席に担任と一緒に同席する。いずれにしろ、複数で対応するのが基本的な方向性になる。

2．ケース会議をもとにして、学校としての方針を伝える。

　保護者対応でよくトラブルになるのは、方針のぶれである。

　「昨年度は○○だったのに、今年度は違うのですか？」「隣のクラスは○○なのに、なぜこのクラスは違うのですか？」というようなクレームである。

この時に担任だけの返答だと、保護者を納得させることはできない。学級が荒れたり、荒れ始めたりしているときの保護者対応の鉄則は、ケース会議で方針を決めて

> 学校としての方針を伝える。

ということである。

これをすることにより、基本的には学校の判断で動いているということになる。担任は安心して保護者対応ができるし、保護者も納得しやすい。

3．協力関係を作るように話をする

上記のようなシステムを作っていたとしても、学級が荒れてきたときの保護者対応は本当に難しい。

子どもにも深刻な被害が及んでいることが多い。こういった場合、例外はあるだろうが、基本的には子どもと保護者の幸せのために協力関係を作ることが大切になってくる。

具体的には、

> ①未来志向で
> ②学校側として何ができるのか。
> ③担任として何ができるのか。
> を話し、
> ④そのうえで、保護者に了承をとり
> ⑤定期的に状況を確認する。

という取り組みである。

④で保護者から了承を取ることにより、協力関係をもってトラブルに臨んでいくことが可能になる。

とはいえ、そうは簡単にいかないのが現場の保護者対応である。

だからこそ、担任一人で抱え込ませるのではなく、学校として対応し、学校としての責任で動いていくシステムが大切なのである。

第5章

3 真剣に学習したい子、弱い立場の子を守り抜く

学級崩壊をしてしまい、どれだけ劣悪な環境になっても、必死になって学習し
ようとしている子どもがいる。正しい行動をし続ける子どもがいる。
その子どもたちを守り抜くことこそ、最も大切なことである。

1．できるだけ早く保護者対応に加わる

　学級崩壊という言葉は、1990 年代後半から使われた言葉のようである。今では
当たり前に使われる言葉だが、国立教育政策研究所では、「学級がうまく機能しな
い状況」という表現をしている。

　ただ「どこまでをもって学級崩壊とするのか？」「何をもって学級が機能しない
状況とするのか？」など、その線引きは人によって違う。

　学校として一定の統一をし、それに対してどのように対応するのかという枠組み
が必要である。

　作成した荒れのレベル分け対応チャートでは、※1

> 担任以外が教室に入っていても、状況が改善されない。落ち着かない状況

を、学級崩壊と考えた。

　この状況からさらに荒れが進むと「誰が授業しても成り立たない。誰の指導も入
らない段階（学級破壊）」になってしまう。

　そうなってしまうと、子どもたちの傷つき体験は、後々大きなトラウマとなり、
大人への不信感が明確に形成されてしまう。

　こうなると、その学年は卒業まで荒れを引きずることになる。

　そうならないための手立てを打つのが、学校としての役割である。

2．担任以外が授業をすることが最も有効な方法

　この段階（学級崩壊）での救いは、担任以外が授業をすることによって授業が成
立するということである。すでに担任を超えて指示や注意を出していても効果が上

がらないのであれば、思い切って、

担任以外の先生が授業をする機会を増やしていく必要がある。

冒頭で書いたように、子どもたちの学習権を守り、荒れている子どもも、荒れていない子どもも、両方をこれ以上傷つけないことが最優先だ。

すでにTTのような形で授業をしている段階なので、T1を担任以外の教師に代えるようにする。

どんなに荒れていても、やはり子どもたちは、ちゃんと学習をしたいと思っている。その子たちにしっかりと学習できる環境を与え、守っていくようにしなければならない。

もし可能であれば、授業を分割するなどして、荒れている子どもを担任以外の先生が授業し、比較的担任との関係がいい子どもたち相手に担任が授業するという方法も考えられる。

この段階まで来たら、ありとあらゆる方法を駆使して、「誰が授業しても成り立たない。誰の指導も入らない段階（学級破壊）」の状態にならないように、総力をあげて支援を行わなければならない。

3．担任を守るという意味でも、担任の機能を交代する

子どもたちを守りつつも、担任を守ることも同時に行う必要がある。

担任が休んでしまうことで、担任にも子どもにも大きな傷を作ってしまう。

そうならないために、担任の機能を他の先生に交代するというのも、選択肢の一つである。

書類上の問題や保護者に対する説明は学校や市によっても違うのであろうが、子どもと担任を守るために、最善の方法は何かを可能な限り検討していくことが大切である。

※1　「荒れの対応別チャート」［第5章⑤（P.141）］参照

④ 自分の常識で対応してはいけない

クラスがしんどくなればなるほど、担任以外の教師の立ち位置は難しい。
それでも、基本的には担任を立てる。
担任の良い部分に目を向ける振る舞いというのが、極めて大切である。

1．信じられない光景

随分前、崩壊している小学校3年生の教室に、フォローとして入った。すでに担任との関係は完全に壊れていて、指示は全く通らない状況だった。

とはいえ、3年生ということもあり、誰かが入ると落ち着いていた。自分の空き時間に、その教室にフォローに行った。

すると、目の前には驚くべき光景があった。

ある男の子が掃除用具入れとほうきで滑り台を作っていた。
作った滑り台から学級文庫を1冊ずつ投下して遊んでいたのだ。
滑り台の下には、学級文庫が山のように散らかっていた。
授業中の話である。

もちろん、その子どもが一番目立っていただけで、周りの状況も騒然とした状況だった。

当時の自分は一気に頭に血が上った。

教室の中で、その子どもを一喝した。その後、その子どもを廊下に連れ出して烈火のように叱責した。

他学年の強面の男の先生からいきなり廊下に連れ出されて怒られるのである。

もちろん、その場ではシュンとなる。教室に戻り本を片付けさせた。しかし、その子どもはその後、よりひどい荒れ方をするようになった。

2．正しい行動を子どもの口から言わせよう

荒れているクラスに入ると、自分の常識では信じられないような状況が目の前に

現れることがある。もちろん、それを抑止するために入っているので対応をしなければいけない。

　しかし、同時に考えておかなければいけないのは、

> 子どもたちにとっては、それが当たり前になっている。

ということだ。

　こちら側の常識で対応をしてはいけない。まずは、その状態が普通なのだということを受け入れて対応しなければならない。

　行動はめちゃくちゃであっても、子どもたち自身にも良くない行動をしているということは分かっているものだ。

高学年であればまた別なのだが、低学年であれば、基本的には落ち着いて、

> 正しい行動を子どもの口から言わせる。
> 可能であれば、その正しい行動を行わせる。

ということが対応の基本方針となる。

3．子どもの気持ちを汲みつつも、担任を立てる

　子どもたちもしんどい。しかし、子どもたち以上にしんどいのが担任である。子どもに指示が通るのであれば、担任の頑張りや、担任の良いところを折りにふれて語りたい。

　さらに後述する荒れの対応別チャート※1のようなものを学校で統一して持っておき、組織化した対応を行い、荒れのレベルに応じて、しっかりとした対応を心がけることが大切である。

　個人の常識で対応するのではなく、組織としての基準で対応することが大切だ。

※1　「荒れの対応別チャート」［第5章⑤（P.141）］参照

第5章

5 レベル別対応チャートで荒れの共通認識をしよう

荒れへの対応は常にぎりぎりの選択が迫られる。
大切なのは職員全員が共通認識を持って対応できることだ。
「荒れのレベル別対応チャート」があればそれが可能になる。

1．荒れのレベル別対応チャート（提案書類抜粋）

> 荒れへの対応の窓口は生活指導委員会の IMF 委員会※1とする。
>
> 以下の指標に照らし合わせ、レベル2を超えたと判断した場合、IMF メンバー※2に相談する。相談の結果により対応委員会を開催し、対応を決議し取り組む。
>
> ※1 いじめ問題行動不登校対応委員会の略
> ※2 管理職、養護教諭、児童生徒加配、特別支援コーディネーター

1．目的

①学級崩壊を予防し、防ぐための指針として、本チャートを活用する。

②クラス支援を行う際の、職員の手立てを一定にし、統一するための指針とする。

③毎回のIMF委員会で、荒れの指標をもとに、5分間交流を行う。

2．荒れのレベルと対応

	状況、様子	学校としての手立て、対応	予想される結果
レベル1	①1名程度の不適応行動 ・不規則発言　・違う行動 ②当該児童による、学級での トラブル	①個別の支援を検討 　特別支援委員会　ケース会議 ※絶対に全体で担任を超えて指示を出さない。 ※担任を超えて、教室の外に出すなどもしない。 ※こっそり、個別に褒めるのは OK.	①改善 ②改善しなかった場合は、別の短期目標を考え、実行を繰り返す。
レベル2	①3名程度の不適応行動 　・不規則発言　・離席 ②担任の指示に対する、複数 児童の文句、挑発	①クラスとしての対応を「対応委員会」で検討 ②委員会のメンバーは、必ずクラスの様子を見に行く。（定期的ではない） ③学級を安定させる対応を委員会で検討する。定期的にフィードバック	①不適応児童の減少 　担任への信頼増加 ②不適応児童の増加 　担任への信頼減少

	状況、様子	学校としての手立て、対応	予想される結果
レベル2	③ノート教科書が出ていない児童5名程度、違うことをしている児童複数名 ④問題行動が月1程度起こる	④必要に応じて「対応委員会」のメンバーが保護者対応を一緒に行う。 ※絶対に全体で担任を超えて指示を出さない。 ※個別にできている子を褒める。	
レベル3	①5名以上の不適応行動 ②担任だけでは、授業が成立しない。 ③保護者からの何らかのクレームや相談 ④担任とは別の誰かが入ることによって、一定程度、落ち着く。	①クラスとしての対応を「対応委員会」で検討。 ②定期的にクラスへの入り込み ③学級を安定させる対応を委員会で検討する。定期的にフィードバック ④一部の授業を担任以外が行う。 ⑤全体に聞こえる声で、できている子を褒める。 ⑥明らかに授業の妨げとなっている児童は廊下に出し、指導。 ⑦担任以外の教師が一緒に保護者対応 ※担任を超えて指示を出すことを認める。 ※基本は、分離して指導。	①誰か入っているときは、落ち着く。 ②担任への信頼、担任の統率力は、加速度的に減少することが多い。 ③担任だけの時に、不適応行動が頻発する。
レベル4	①クラスの半数以上が不適応行動 ②保護者からのクレームや、担任交代の要請が頻繁に入る。 ③担任ではない教師の授業は成立する。 ④担任以外が入っても落ち着かない。	①担任の授業を、できる限り少なくし他の教師が授業する時間を増やす。 ②担任の交代も視野に入れて考える。	①担任以外の授業がうまくいくことで、その時間中は落ち着く。 ②子どもたちだけの時、もしくは、残りの担任の授業の時に、さらに問題行動が頻発する。
レベル5	①誰の指導も入らない状態	①学校の総力をあげて、対応する。 ②保護者にも学校に来てもらう。	①良くなることは難しい。

※担任以外の教師の授業が成立しない場合も、上記の指標を参照にして対応委員会で検討することとする。

2. 毎回確認するのが大切

　荒れの対応チャートを作った上で、大切なのは定期的に子どもの様子を観察し確認することである。

　そのうえで、チャートに照らし合わせて、対応を職員の共通認識にする。こうすることで対応する側にも明確な基準ができ、自信を持って対応ができるようになる。

6 原則や法則を知ることが 荒れを防ぐ

荒れる前に渡したいお薦めの本は『授業の腕を上げる法則』、
『学級を組織する法則』、『子どもを動かす法則』である。
いずれも向山洋一氏の書籍で、学芸みらい社から出版されている。

1．よい授業には原則がある

学校生活のほとんどは授業時間である。授業技量が低
ければ、荒れるリスクは格段に上がる。

そこで『授業の腕を上げる法則』をお薦めする。本書
には「授業の原則十カ条」が提唱されている。ただし、
本を読んで授業力がすぐに上がるわけではない。授業技
量の向上には、長い修業期間が必要である。

> しかし、「授業の原則十カ条」を知っていれば、
> 授業がうまくいかなくても、自分でどう改善すれば
> よいか分析できる。

例えば、授業中、子どもが話を聞かず騒がしかったとする。

その原因を、子どもが悪いと言ってしまえば改善の余地はない。

しかし、原則を知っていれば「今日は指示が分かりにくく、『第三条の簡明の原則』
ができていなかったのではないだろうか」と考えることができる。そうすれば、次
の授業に生かすことができる。荒れる前に必ず読み込んでほしい一冊である。

2．学級のしくみの作り方

よい学級システムを作ることができれば、荒れはかなり予防できる。
『学級を組織する法則』には、「学級のしくみ作り」について詳しく述べられている。
特に黄金の３日間をどのように過ごせば、荒れることなく１年間を過ごすことがで
きるのかなどは、すばらしい情報である。

本書で向山氏は学級のしくみについて、

「担任がいなくても１週間子どもが生活できる状態」

を思い浮かべるとよいと言う。

そうすれば、必要な当番や係活動といったものを具体的にイメージすることができるからである。

また、学級の係活動など、はじめは盛り上がるが、１カ月もすれば低迷するということを経験したことはないだろうか。

それは評価が適切でないことが考えられる。

では、どのように評価するのか。

具体的な方法については、ぜひとも本書を手にとって確認していただきたい。買って損をすることはまずない。

３．子供を動かす法則を知っておく

あの先生の時は、どうして子どもはテキパキと行動するのか。

そこには子どもを動かす法則が貫かれている。『子供を動かす法則』に、そのポイントが示されている。

最後の行動まで示してから、子どもを動かせ。

である。

子どもに活動させてうまくいかないときは、最後の行動が不明確なことが多い。騒がしいのは教師の責任である。

本書では、掃除、遠足、児童朝会など、様々な具体的な場面を取り出し、どのように子どもに指示を出すとよいのか端的に書かれている。

荒れる前に、ぜひとも読んでほしい。

第5章

7 病休にならないように 担任の負担を減らす

荒れた学級の担任が病休にならないようにしたい。担任も子どもも大変である。
また、一人が休むと、全体への負担がかかってくる。
できることは、担任の授業をいくつか持ち、校務分掌を手伝うことだ。

1．あまり効果のない入り込み

荒れた教室では担任の権威が著しく落ちている。
教務主任が教室に入り込むことも多い。

> しかし、入り込みをして、担任を飛び越えて授業中に指示を出すなどはできない。やれば、担任の権威を落とすことになる。

では、いったい、教務主任の立場から何をすれば支えになるのだろうか。
担任は荒れた子どもたちと一日中対応していると、精神的に参っている。注意しても言うことを聞かない。トラブルは多発する。指導すると反発される。暴言を吐かれることもある。大変だ。
担任自身の指導力の問題もある。授業が分かりにくい。発言に一貫性がない。本人を改めることが必要なこともある。しかし、それを受け入れられるだけの精神的なスペースは無いと言ってよい。
どうすればいいか。まずは、これ以上荒れさせないことが重要である。
子どもも大人も不幸になる状態を、できるだけ回避するのである。

2．授業を代わりに持つ

担任の負担を減らすことが大事だ。そのために、

> 授業を代わりに持つとよい。

大阪市の教務主任に限れば、授業は10時間ほどしか持っていないことが多い。

したがって、崩壊したクラスの授業をいくつか持つことができるはずである。

　担任には自信のある教科を持たせ、他はこちらで持てるものは持つとよい。担任の空き時間を増やすことで精神的に休む時間を確保するのである。

　そして、授業力に問題があるのであれば、一緒に授業を考えるとよい。

　どういった発問をするのか、どういった指示を出すのか、どうすればよりよくなるかに主眼を置いてアドバイスするとよい。

　大事なのはダメ出しをしないことである。精神的にダメージを受けているところに、さらに追い詰めることになりかねない。

　一緒に乗り越えていこうとする姿勢が大事である。

３．教職員全員で校務分掌を手伝う

　クラスが荒れてくると、子どもや保護者の対応で放課後が埋まってしまうことも多い。そうすると校務分掌が滞ってくることがある。

　そうなってきたら、

教職員全員で校務分掌を手伝うようにする。

　資料を印刷するだけでもよい。さらに校務分掌の部で仕事を再分配することをしてもよいだろう。

　一人で抱え込まないようにすることが一番大事である。担任一人ではなく、学校全体で乗り越えていくように教務主任が持っていくのである。

　ただし、何もかもやってしまうのはよくない。

　なぜなら、逆に「あなたは仕事ができないので、みんなにやってもらっている」と思わせるかもしれないからだ。そうなったら、余計に精神的に追い詰めることになる。

　難しいところだが、チームで動くことが大事である。

**意図して気を引き締めよう。
全て教師が鍵を握る**

5月は慣れて緊張が解ける。11月はイベントが終わって緩む。
2月はマンネリ気味になる。これらはすべて教師がいつも元気で明るく、
意図的に力を抜くなどの対応をすればならない。意識して抜け出そう。

1. 5，11月の緩み対策

5月。ゴールデンウィーク明けは、自分も子どもも緩むものだと思い、意識を高め、計画的に指導をする。これは11月も同じだ。

明け1日目は、やんわりと指導。楽しいゲームを少し入れる。

2日目からは、徐々に体を動かす動の活動を多く取り入れていき、引き締めていく。

また、掃除当番や給食当番の動きが緩慢になったり、適当にする子がでたりするので、もう一度確認を入れなおすようにする。

2. 2月、自分にとっての弱点月の対策

自分は2月が弱いと思っている。原因は3つある。

1つ目は、自分自身の甘えだ。「あと少しだし、もう荒れることもないし、これぐらいでいいや」と思ってしまう。

2つ目は、求めすぎ。もっと成長をさせようと頑張らせてしまうのだ。自治にもっていくために厳しく、手を離しすぎるところもある。

3つ目は、子どもの方が努力をするようになって、それに甘えてしまうことだ。実際、子どもが動きすぎて教師のすることがなくなっていく。しかし、それでも何かを見つけてやっていかなければいけない。

給食の時にまったく手出しをする必要はなくなるが、配膳の一部を手伝うなどはしなくてはいけない。掃除と同じである。教師も子どもも同じ一員である。一生懸命な姿は見せ続ける必要がある。

3．マンネリ、緩まない手立てをうとう。定期的にする

①定期的に引き締める。
②定期的に楽しいことをする。
③定期的に新しいことをする。
④定期的に教師が褒めることを意図的に増やす。（減らさない）

　5，11，2月対策はこれにつきる。

　①の「定期的に引き締める」は、例えば、掃除の後に以下のようにする。「全員起立。掃除を真面目にやって、友だちから『しっかりやっていたよ』と言ってもらえそうな人は、手をあげましょう。すばらしいね。すわりましょう。ちょっと言われないかもしれないという人は、自分でまだまだだと思っているのですね。そういうことがわかることは、大事なことです。次、がんばれるという人は、手をあげて。えらいね。がんばってね。という感じでチェックをいれる。

　②の「定期的に楽しいことをする」は、お楽しみ会などのイベントを月に1回ほどしたり、会社活動などの楽しいことを定期的に行ったりして、「楽しい」状態を作るということである。

　③の「定期的に新しいことをする」は、新たなイベントを立ち上げたり、今までしていなかったゲームを導入したりして、新鮮な気持ちや新たな楽しみを生み出すことである。

　④の「定期的に教師が褒めるのを意図的に増やす」は、子どもの動きがよくなっていくと、褒めるのを少なくしてしまうことがある。ちょっと自分が緩んでいるなあと思うときは、今週は「もっと子どものいいところをみつけよう。褒めよう」と気を張りなおすことである。

2 ダブルスタンダードは納得しない

一斉授業の中で、個別支援を要する子どもだけを特別扱いして
失敗したことがある。一部の子どもだけを特別扱いせずに、
全ての子どもが楽しく授業を受けられる工夫を考えよう。

1．A君だけ特別扱いは、まわりの子どもが納得しない

　ＡＤＨＤの診断がある子ども（A君）を担任したときに、A君だけに甘い対応を
取り続けて失敗したことがある。

　A君は、毎日、早朝までゲームをして、給食前に登校することが多かった。私は、
遅刻でも登校するだけでいいと思っていた。

　まわりの子どもは、教室で一生懸命に授業を受けている。しかし、A君だけは遅
刻してきて机に寝そべっているだけだった。A君ができる課題でも「しんどい」と
言ってしないことが多かった。

　まわりの子どもが「A、ちゃんとしろよ！」と注意をする。

　すると、A君はふざけたり、教室を飛び出したりしてしまった。

　まわりの子どもがA君を注意すると授業が中断するので、A君にとってもまわり
の子どもにとってもよくない。そう決めつけた私は、まわりの子どもに、

> 「A君は、大変な状況やから、ちょっとやさしくしたって」

とお願いした。

　この特別扱いのお願いが失敗だった。一生懸命に勉強をがんばっている子どもは
納得できなかった。

　私の授業力や対応力、家庭との連携などが足りていないのに、A君のせいにして
逃げてしまった。

　クラスのリーダー的な存在の子どもほど、私の逃げに敏感に反応した。少しずつ
授業の雰囲気や子どもの表情が冷たくなっていった。

2．A君にも、周りの子どもにも、楽しい授業をする

　数年後、A君にとても似たタイプのB君を担任した。

　算数の教科書の練習問題をやるように指示しても、B君はやらなかった。B君ができる問題でもやらなかった。

　「授業の邪魔をしていないから、B君は放っておこう」とすると、当然、周りの子どもは納得できない。そこで、

> 「先生と競争しよう」

と言って、私も子どもと一緒に練習問題を黒板に解いた。

　「競争」という言葉にB君はやる気を出した。周りの子どもも熱中した。早く解き終わった子どもは、「B君、がんばれ」と応援し始めた。

　途中で、私が休憩したりチョークをわざと落としたりすると盛り上がった。また、スタート前に、「ハンデ、何秒いる？」と聞いて、少しスタートを遅らせるのも楽しんだ。

　スピードだけでなく、文字の丁寧さについても勝負すると、問題を解くのが遅い子どもも私に勝てるので楽しんだ。

　次の写真は、計算スキルの復習ページをさせるときの板書である。

　ただページ数を板書するだけだとB君はやらない。

　そこで、計算スキルの「スキ」と「好き」をかけて、ハートで囲んだ。B君は最初、「何でハート？」と聞いてきた。「計スキが好きやから」と言うと、B君は嬉しそうに笑って、計算スキルに取り組んだ。

　ほっこりと笑える余裕がある対応がB君には効いたし、周りの子どもたちにも効いた。

　今なら「いろいろな手立てが必要だ」と、昔の自分に言ってやりたい。

3 大崩壊しても、 4つを意識して強く生きよう

学級や学校が大変なときは、目の前が真っ暗になり、何をしても心が重く辛い
気持ちになる。しかし、乗り越えれば幸せな日々が待っている。
「あの日があったからこそ、今の自分がいる」そう思える日が必ず来る。

4つの条件があればこそ、大崩壊から生き残れる

立て直しに成功する人の多くは、下記の4点ができている。

1．人間性を磨く（修養にも力を入れる）。
2．教育技術を磨く。
3．学んだことを愚直に実行し続ける。
4．ともに学ぶ仲間がいる。

1．人間性を磨く

適切な指導法を知っていても、こちらとの関係性が悪ければ、ほとんどは効果を
発揮しない。

教師と関係が悪い生徒や、心に課題を持つ生徒は、こちらの行動・指導が変わる
と、「自分たちを違う手でコントロールしようとしている」「この教師は、校長から
怒られて動いたな」と、マイナスに捉えることが多い。

これらを回避するには、教師が「この先生の言うことなら聞こう」と思われる人
間性を身につけることが大事だ。

そのために、『時間を守る』『整理整頓をする』『礼儀正しくする』などを、職員
室や家にいるときにまで行う。

子どもに指導していることを「自分はプライベートにおいてもできているか」と
問い直すと、不思議と人間性が身についていく。

日常の自分を振り返り、行動変容させることから始めよう。

２．教育技術を磨く

　信頼関係があれば、授業力が低くても授業が成り立つ。子どもの心を温めることはできる。

　しかし、それだけではだめだ。生徒を伸ばし救うことはできない。

　やはり、楽しい授業をして、子どもたちにわかる、できる感覚を味わわせることが欠かせない。

　効果のある指導をたくさん集める必要がある。

　日々の仕事で大変なのはわかる。しかし、サークルやセミナーなどに出かけて教育技術を身につけよう。

３．学んだことを愚直に実行し続ける

　良い方法を学んでも、それを実行し続けない人、やることに負荷がかかることを避ける人は、大きく伸びない。

　例えば、授業をビデオ撮影して、毎日後で分析する。

　かなり負荷が高いが、かなり効果がある（児童・生徒への対応の仕方、立ち居振る舞い・言葉の多さ・声・リズム＆テンポなどを第三者の視点から分析できるからだ）。

　このような微差が、いずれ大差となって自分に返ってくる。

４．ともに学ぶ仲間を作る

　①話を聞いてもらえる（ストレス緩和）。

　②新しい手法を知れる。

　③自分の実践を第三者目線から振り返られる。

　④モチベーションの継続（お互いに刺激を与え合う）。

　大変な状況の学級・学校に勤める人の心的疲労は、通常の学級・学校のそれを何倍も上回る。私はその両方を経験したから、よく分かる。

　そんな状況下で希望を失わずに進み続けるには、やはり仲間が必要だ。

　あきらめずに、やっていこう。私も学級が荒れたときは、本当に苦しかった。

立て直せたら万事ＯＫか。そうではない。

「子どもが満足をしているか」がその後に待っている。

油断してはいけない。

子どもの幸せを追求し続けなければならない。

学級崩壊にはレベルがある。

その崩壊が学級だけなのか。学年なのか。

また、崩壊している年月が１年なのか、２年なのか３年なのか。

また、崩壊している学年が中学年なのか、高学年なのか、中学生なのか、でも全く違う。

３年間以上崩壊している６年生の学級崩壊などは、立て直しが最高に難しい。

県で最も有名な教師であろうとも難しいだろう。

学校全体で力をあわせて対応していく必要がある。

しかし一方で、学級全体で楽しむ活動を入れていく。

油断せず、しかし思いきり楽しみながら進めていくことが大事である。

最悪の事態を想定したビクビクしての対応では、子どもも教師も疲弊していくばかりだ。

「ケンカを起こさせないぞ、悪口を言わせないぞ、荒れさせないぞ」という思いをもって、クラスをつくっていく。

「楽しいクラスにするぞ、楽しいことをするぞ、思いきり遊んで子どもと楽しもう」という思いをもって、クラスをつくっていく。

この二つの違いは大きい。

果てしないほどに。

同じ良いクラスを目指していても、一つ一つの対応が変わってくるのだ。

前者は、当然厳しい対応をすることになる。また、子どもを信用していない対応にどうしてもなってしまう。

結果、厳しく固いクラスになりやすい。

後者は、楽しい対応や叱らないようにするなどの配慮をする。何より、子どもを信用している―が土台にある。

　結果、いい雰囲気をもった、柔らかく温かいクラスになる。

　自戒を込めて言う。

　後者の思いをもってクラス運営をしていきたい。

　子どものプラス面をとらえ、子どもをプラス思考で指導をしていきたいものだ。

　子どもたちによい影響を与える環境をつくっていきたい。

　今回の本も、お読みいただき感謝に耐えない。またこの本に関わって下さった全ての方々、TOSS大阪みなみのメンバー、そして、樋口編集長に大変、大変お世話になった。

　心の底から感謝申し上げる。

　いつも本当にありがとうの気持ちでいっぱいだ。

令和3年3月4日

山本東矢

〈 編著者紹介 〉

山本東矢（やまもと　はるや）

大阪府箕面市立　　豊川北小学校
全国で教育系のセミナー講師を務める。
著書は、「最高のクラスになる！学級経営 365 日のタイムスケジュール表」
（学芸みらい社）など多数
ＴＯＳＳ大阪みなみＨＰ ▶ https://yamamoto111-toss-minami.jimdo.com/

永野　拓　　大阪府和泉市立　　北松尾小学校
松下隼司　　大阪府大阪市立　　豊仁小学校
本吉伸行　　大阪府摂津市立　　鳥飼小学校
原田朋哉　　大阪府池田市立　　秦野小学校
谷口幸尚　　兵庫県西宮市立　　塩瀬中学校
中江友哉　　大阪府寝屋川市立　中木田中学校
木村雄介　　大阪府大阪市立　　平林小学校
笠原路也　　兵庫県西宮市立　　用海小学校
大野敦雄　　大阪府東大阪市立　くすは縄手南校

まさか私の学級が？教師100万人が知りたい！
学級崩壊—悪夢の前兆チェック
＆必勝予防策68

2021 年 4 月 20 日　　初版発行

編著者　　山本東矢
発行者　　小島直人
発行所　　株式会社学芸みらい社
　　　　　〒162-0833　東京都新宿区箪笥町31箪笥町SKビル
　　　　　電話番号 03-5227-1266
　　　　　http://www.gakugeimirai.jp/
　　　　　E-mail : info@gakugeimirai.jp
印刷所・製本所　　藤原印刷株式会社
企　画　　樋口雅子
装丁・本文組版　　橋本　文

落丁・乱丁本は弊社宛お送りください。送料弊社負担でお取り替えいたします。

ISBN 978-4-909783-69-1

小学校教師のスキルシェアリング
そしてシステムシェアリング
―初心者からベテランまで―

授業の新法則化シリーズ
＜全28冊＞

企画・総監修／向山洋一
日本教育技術学会会長
TOSS代表

編集・執筆　TOSS授業の新法則　編集・執筆委員会

発行：学芸みらい社

　1984年「教育技術の法則化運動」が立ち上がり、日本の教育界に「衝撃」を与えた。そして20年の時が流れ、法則化からTOSSになった。誕生の時に掲げた4つの理念はTOSSになった今でも変わらない。
1. 教育技術はさまざまである。出来るだけ多くの方法を取り上げる。（多様性の原則）
2. 完成された教育技術は存在しない。常に検討・修正の対象とされる。（連続性の原則）
3. 主張は教材・発問・指示・留意点・結果を明示した記録を根拠とする。（実証性の原則）
4. 多くの技術から、自分の学級に適した方法を選択するのは教師自身である。（主体性の原則）
　そして十余年。TOSSは「スキルシェア」のSSに加え、「システムシェア」のSSの教育へ方向を定めた。これまでの蓄積された情報をTOSSの精鋭たちによって、発刊されたのが「新法則化シリーズ」である。
　日々の授業に役立ち、今の時代に求められる教師の仕事の仕方や情報が満載である。ビジュアルにこだわり、読みやすい。一人でも多くの教師の手元に届き、目の前の子ども達が生き生きと学習する授業づくりを期待している。

（日本教育技術学会会長　TOSS代表　向山洋一）

学芸を未来に伝える
学芸みらい社
GAKUGEI MIRAISHA

株式会社 学芸みらい社
〒162-0833 東京都新宿区箪笥町31 箪笥町SKビル3F
TEL:03-5227-1266 （営業直通）　FAX:03-5227-1267
http://www.gakugeimirai.jp/
e-mail:info@gakugeimirai.jp